创造教育
为学生成长赋能

东莞市松山湖实验中学创造教育的探索与实践

万 飞 / 著

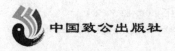

中国致公出版社

图书在版编目（CIP）数据

创造教育为学生成长赋能：东莞市松山湖实验中学创造教育的探索与实践 / 万飞著. — 北京：中国致公出版社，2020

ISBN 978-7-5145-1707-1

Ⅰ.①创… Ⅱ.①万… Ⅲ.①创造教育—教学研究—中学 Ⅳ.①G632.0

中国版本图书馆CIP数据核字（2020）第183540号

创造教育为学生成长赋能：东莞市松山湖实验中学创造教育的探索与实践 / 万飞著

出　　版	中国致公出版社	
	（北京市朝阳区八里庄西里 100 号住邦 2000 大厦 1 号楼西区 21 层）	
出　　品	北京言之凿文化发展有限公司	
	（北京市昌平区超前路 35 号）	
发　　行	中国致公出版社（010-66121708）	
作品企划	三名书系	
责任编辑	程　英　刘　羽	
封面设计	言之凿	
内文设计	李　娜	
印　　刷	北京政采印刷服务有限公司	
版　　次	2022年6月第1版	
印　　次	2022年6月第1次印刷	
开　　本	787mm×1092mm　1/16	
印　　张	15.25	
字　　数	238千字	
书　　号	ISBN 978-7-5145-1707-1	
定　　价	45.00元	

创造教育学是一门横跨教育学与创造学之间的边缘学科分支，是诞生于20世纪50年代的新兴学科。创造型人才观是创造教育目的论的直观反映。

教育既要关注当下，更要关注未来。实践创新是学生发展核心素养之一，是未来人才必备的重要素质之一。因此，创造适合学生发展的教育环境，着力发展学生的创新意识，培养学生创新思维能力和创造性实践能力，培育学生的创业精神，让学生形成创造性人格就显得至关重要。东莞市松山湖实验中学以创造教育引领各项教育教学工作，以"创新""创作"和"创业"三个关键词诠释学校创造教育的内涵。"创新"就是突破常规思维，改进或创造教育教学的新方法、新元素、新途径，并获得有益的教育教学效果；"创作"就是培养学生的综合性思维，进行文学、艺术和科学等作品创作；"创业"是指培养学生的创业精神，以研究性学习项目实践为抓手，追求自我实现的价值，让学生真正认识到"处处是创新之地，人人是创新之人"。我们希望，教育最终培养的是一批有人文情怀和创造性人格的中学生。

进入21世纪"互联网+"时代，新理念、新技术层出不穷，智慧环境的应用使教学方法、手段、方式发生了变化，为人类更积极有效地学习提供了便捷，也使得教育的变革成为必然。这是一种大的趋势，浩浩荡荡，不可阻挡。技术可以改变教育，学校的管理者在顺应潮流、与时俱进的同时，也要不断学习、不断创新，依靠大数据分析辅助决策，用前瞻性的思维和行动点亮师生智慧，让他们爆发超乎想象的能量！

本书以"创造教育为学生成长赋能"为选题，共分为五章，第一章创造教育引领学校走向卓越，第二章构建学校的创新文化，第三章铸就创新型教师队伍，第四章建设技术融合的智慧课堂，第五章培养全面发展的创新人才。

本书是"智慧环境下初中生创新能力培养的实践研究"课题的重要成果，

在研究过程中得到了许多专家学者的帮助和指导，得到了校内各位老师的大力支持，在此表示诚挚的谢意！由于笔者水平有限，加之时间仓促，书中所涉及的内容难免有疏漏之处，希望各位同行和专家多提宝贵意见，以待进一步修改，使之更加完善。

万飞

2020年5月

目录

第一章

创造教育引领学校走向卓越

　　人的创造性是可以培养出来的。我们的教育要给学生创设一个相对宽松自由的环境，尊重学生、解放学生、激发学生，才能成就学生。创造教育就是一种点亮教师与学生智慧的教育理念；一种与时俱进、勇于实践、守正出新的特色文化；一种基于培养创新思维，以情境激趣和问题导学为手段的教学过程；一种搭建学生创意与创作展示平台，培养学生创业精神的教育活动。

第一节　创造教育的办学理念

一、创造教育的教育诉求

教育部《关于"十三五"期间全面深入推进教育信息化工作的指导意见》提到："'十三五'期间，要以'建设"人人皆学、处处能学、时时可学"的学习型社会，培养大批创新人才'为发展目标……"由此可知，在"互联网+教育"时代，社会对创新型、实用型、复合型人才的需求已经成为学校教育将要面对的挑战。

2014年，东莞市松山湖实验中学成立。学校地处国家级高新科技园——东莞松山湖高新技术产业开发区，办学突出创新性、实验性和示范性，以学生全面化、个性化发展为目标，以深化课程改革实验为重点，积极争创"办学特色化、学习个性化、课程国际化、校园数字化"的现代化学习型学校。

办学以来，学校紧紧围绕"立德树人"的根本任务，以"自主、和谐、共同发展"为办学理念，以"对每一位学生的终身发展负责"为办学宗旨，以"办一所具有创新活力的幸福学校"为办学愿景，创建创造教育课程体系，借助信息技术，率先推行全员智慧课堂、下午选课走班、特色课程开设、多元智慧评价等教育教学改革。短短五年多的时间，学校迅速崛起，成为国内具有鲜明创造教育特色的现代化学校，荣获首批中国STEM教育领航学校、国家教育信息化产业技术创新实验学校、教育部全国基础教育信息化应用典型案例单位（全市唯一）、中央电教馆中小学人工智能教育实验校（全省唯一）、中国教育技术协会"十三五"课题实验学校、中国陶行知研究会创客教育实验学校、全国青少年校园足球特色学校、广东省五一劳动奖状等市级以上综合型荣誉，连续两届毕业生的中考成绩在全市名列前茅，学校以先进的教育理念、鲜明的办学特色、创新进取的实践精神赢得了良好的社会口碑。

二、创造教育的形成背景

（一）基于国家培养创造型人才的需求

2014年，在全球化背景下，以信息技术和人工智能为核心的技术革命和产业革命已扑面而来，科技创新成为提升国家综合实力和实现可持续发展的核心因素。党的十八大报告将"立德树人"确立为教育的根本任务，首次旗帜鲜明地提出了"全面实施素质教育，深化教育领域综合改革，着力提高教育质量，培养学生的创新精神"的教育发展平台。国家将培养下一代青少年的创造力、开展创新教育作为本国教育战略规划的核心议题。

（二）基于松山湖打造优质基础教育高地的需求

松山湖是国家级高新科技园区，一直以来都是东莞市创新驱动发展的领头羊。近年来，松山湖倾力打造独具吸引力的创新生态环境，吸引了华为等众多高新科技企业入驻。为了将园区打造成高素质人才的栖居地，松山湖管委会作出了创办一批优质中小学校的战略部署。松山湖境内不仅高新科技企业云集，也汇聚了高等院校、科技研究院（所）等产学研机构，科技文化氛围浓厚。

松山湖创新发展的战略定位与科技创新人才云集的发展环境，为学校开展创造教育提供了良好的社会氛围。

（三）基于培养创造性人才的共同愿景

松山湖作为东莞市创新驱动发展的"引擎"，其居民人口构成呈现来源多样、个性开放、发展多元等特点。因此，传统教育以传授知识为主的"齐步走""一刀切"教育模式已经无法满足居民对子女教育的需求。松山湖园区户籍的家长中有相当一部分是归国创业的博士，他们也希望自己的子女能成长为自主发展且具有创造力的公民。

因此，学校秉承"教育面向现代化、面向世界、面向未来"的理念，提出了"具有民族精神、国际视野和创造性人格的优秀学子"的人才培养目标，追求创造教育办学特色，构建创造教育课程体系，探索创造教育教学途径，建立创造教育评价制度，促进学生全面发展的创造教育概念界定。创造教育是指根据创造学的基本原理，以培养人的创新意识、创新精神、创造个性、创新能力为目标，有机结合哲学、教育学、心理学、人才学、生理学、未来学、行为科学等学科，全面深入地开发学生的创造力，培养创造型人才的一种新型教育。

三、创造教育的办学追求

1. 总体目标

把学校办成有稳步提升的教学质量、有创造教育的鲜明特征、有持续发展的内在动力、能与世界先进教育对话的一流学校。

2. 五年目标

在第一个五年内，弘扬松实人"做教育先行者"的改革精神，不断完善创造教育课程体系，积极培育学校创新文化，继续深化课堂教学改革，以名师和名学科的建设带动教育质量的提升，实现学校与社会（区）、家庭的良性互动，为学生的全面而有个性的发展提供优质高效的服务，逐渐将松湖实验中学建成一所具有现代化特征的实验性、示范性、特色鲜明的学校。

3. 培养目标

坚持以学生发展为本，面向全体学生，丰富学生的学习经历，围绕"自主、和谐、共同发展"的办学理念，把学生培养成德行修养笃实，知识技能扎实，身心发展健实，具有民族精神、国际视野、创造性人格，适应现代社会发展的毕业生。

四、创造教育的教育理解

创造教育研究经历了漫长的发展历程，最早可以追溯到古希腊的柏拉图等思想家的创造教育思想。有学者认为，英国心理学家、优生学家高尔顿开创了近代创造教育研究的先河，著有《遗传的天才》等著作。而在我国，陶行知是创造教育的开拓者，于20世纪30年代在育才学校设立"育才创造奖金"，后来又发表了《创造宣言》。

当人类迈入21世纪的门槛，创造已成为时代发展的主旋律。因为时代的发展已经不仅是期待个别天才人物的重大发明与创造，创造教育的研究更注重挖掘和发展普通人的创造潜力，这也是当前创造教育最根本、最主要的任务。因此，这就对基础教育培养创造性人才发出了新的号召，对基础教育大范围地开展创造教育发出了时代的呼声。

随着研究的不断深入，创造教育研究也越来越显现出多学科交叉研究的新趋向，主要涉及的学科领域包括创造学、心理学、人类学、学习学、脑科学、神经学、文化学和社会学。这让我们意识到，创造教育的深入研究不是某一学科所能胜任的，而是各学科融合创造生成的。我们知道，创造教育对个体而言，主要是通过个体的创造性学习形成，这种内源性因素主要是指知识的自主建构。创造性学习不仅强调学习成果的创新性，更注重学习过程的新颖性、自主性和发展性，创造教育发展观始终贯穿着整个过程。

创造教育理论的提出与发展，为创造教育的开展提供了坚实的基础。为此，我们自己提出了对创造教育的理解与追求。

东莞市松山湖实验中学创造教育的核心是全面实施素质教育，解放和发展学生的创造力，为国家培养创造性人才奠基。

东莞市松山湖实验中学的创造教育是一种追求"创造适合学生发展的教育"的教育实践；是一种与时俱进、自由民主、守正出新的学校文化；是一种基于培养学生创造能力，以情境激趣、问题导学为手段的教学过程；是搭建学生创意与创作展示平台、培养学生创业精神的教育活动。

在教学管理方面，学校营造自由民主、平等和谐的教与学氛围，践行"让教育与温暖同在，与创造同行"的文化；在学生管理方面，教师尊重个性、因材施教、鼓励创新，学生敬爱师长、独立思考、平等对话、积极创新；在家校合作方面，学校悦纳家长、智慧众筹、优化资源，家长敬重学校、支持教育、共同育人。

五、创造教育的实践基础

松山湖实验中学是一所全日制公办初级中学，学校积极构建符合现代教育观念的新型教育模式。在创造教育理念下，学校以培养"具有民族精神、国际视野和创造性人格的优秀学子"为目标导向，立足中学生发展核心素养，开发和实施创造教育课程，将其作为滋养和发展学生创造性人格的"土壤"。

（一）学校发展优势

1. 位置优越保障有力

学校所处的松山湖园区区位优势明显，属于东莞唯一的国家级高新科技产业园，在全国高新产业园中排名在前30位之中。学校周边有华为分部、国际机器人研究院、广东生益科技等一批高新科技企业，学术气息、科技氛围浓郁。园区领导对教育高度重视、大力支持，为学校发展提供了良好保障。东莞市教育局高度认可学校办学业绩并给予政策扶持，有利于学校更好地发展。

2. 顶层设计理念前瞻

学校紧跟时代的发展形势，追求创造教育办学特色，构建创造教育课程体系，采用小班化、走班制教学方法，探索基于信息化的智慧教育。在创造教育理念下，学校建立了几十项规章制度及相关管理细则，涵盖了学校工作的各个环节，使得学校创造教育有章可循。

经过一个学年的办学实践，学校基本形成了较完善的运行机制，各项工作进行得比较顺畅，尤其在创造教育、慕课教学、智慧课堂等方面成绩较为突出，树立了良好的形象，赢得了较高的声誉。

3. 教师团队优势凸显

学校行政班子年富力强、精诚团结、优势互补。教职员工有理想、有智慧、水平高、干劲足，年龄结构合理。学校在各类教育教学活动中取得了优异成绩，师生有较强的自豪感、归属感和使命感。

4. 多方支持形成合力

学校生源主要来自园区小学，在教育理念和特色教育方面有较好的传承，有利于学生迅速融合和对学生持续培养。学生家长比较重视教育，家委会支持学校工作，在校际合作、校企合作、校馆合作方面有良好的开端，学校教育团队有了较大的合力。

（二）教育设施设备现代化

松山湖科技园是全国排名前30位的国家级高新科技园区，作为配套教育资源，松山湖实验中学的教学硬件基础符合现代化标准。学校设有物理实验室（含仪器室、准备室）7间、化学实验室（含仪器室、准备室）6间、生物实验室/探究室（含仪器室、准备室）7间。学校的96间教室均为多媒体教室。其中，普通教室60间，其余20多间分别为计算机教室、图书室（馆）、教师阅览室、学生阅览室、电子阅览室、音乐教室、舞蹈教室、美术教室、摄影教室、茶艺教室、心理咨询室、共青团（队）室、学生电视台、天文台、聚艺坊、创客室、地震科普馆、消防安全教育馆、未来创新中心等。

（三）教师队伍创新水平高

学校师资力量雄厚，培养了一批师德高尚、业务精湛的优秀教育工作者，60%以上新招聘教师具有研究生学历。学校现有教职工203人，其中正高级教师2人、特级教师2人、广东省名校长名教师工作室主持人2人、东莞市名师工作室主持人4人、东莞市学科带头人15人、东莞市教学能手33人，平均年龄为32岁，年龄结构较为合理。

（四）学生自主探究学习能力强

自办学之日起，学校实行划片招生就近入学制度，从未存在"考试入学""面试入学"的招生现象，严格遵守教学计划，从未擅自增加学科课时。截至2019年6月，学校在校生德、智、体、美、劳全面发展，首届中考成绩在同类学校中名列前茅。现阶段，学生在创造教育课程体系的培育下，已具备一定的自主学习与探究能力和积极动手实践并解决实际问题能力，部分学生具有科技、美术、音乐、体育、写作等至少一项特长。

（五）创造教育课程体系成效显著

学校以"办一所具有创新活力的幸福学校"为愿景，构建了具有特色的创造教育课程体系。

创造教育课程体系把国家课程和校本课程整合起来，一方面实现国家培养人才的要求，另一方面体现学校的育人特色。创造教育课程体系包括三类课程：创新类课程、创作类课程、创业类课程。同时，三类课程共同搭建了学生核心素养的培育目标。创造教育课程实施以来，深受学生喜爱、家长支持和同行认可。

（六）学校科研氛围浓厚

学校具有浓厚的教研氛围，以课题研究为契机，以课题为平台支撑，建立课题研究群，各学科围绕课题开展研究，现有各级各类课题21个，其中国家级课题1个，省级课题6个，市级课题15个。教师队伍在研究中成长，在研究中结出硕果。建校以来，全校师生在各级各类刊物发表文章60多篇，出版教育专著2部，教师主编或参与编写教辅资料二十余种。

（七）社区资源丰富

松山湖实验中学位于松山湖高新科技园区，园区内高等院校、产学研研究院、高新科技企业云集，学术气息浓厚。学校附近的社区资源丰富。目前，学校综合实践课程、财商课程等已与当地高新企业达成合作关系，共同参与课程实施。学校开设的190多门校本课程中，有近20门荣誉课程的授课教师是来自各领域的专家、学者和行业精英。学校设立课程发展中心，其下属的课程开发指导委员会由校长、社区代表、教师代表、家长代表和学生代表等组成，运用智慧众筹的方式，充分发挥社区资源优势。

 附：

相遇松实，不负时光

初一（10）班 叶晓晴

小学六年的美好时光结束了，我们迎来了初中的生活。我们要在新的环境、新的学校中学习，还要认识新的同学、新的朋友。我们一生中要接触很多朋友，每一个朋友都不一样，都有各的优点和缺点。在我们有快乐的事要分享时，有朋友陪伴左右；在我们需要安慰的时候，也有朋友鼓励。朋友就像半个世界，失去了朋友，生活就没有了乐趣。我和"至善十班"的同学们很有缘，能和他们在初中相遇；我和松湖实验中学也很有缘，从小学六年级开始，它一直陪伴着我成长。

我是实中人我骄傲，这里就像一个温暖的大家庭，一直包容着我，让我在这里快乐成长。刚开始军训的时候，因为是第一天训练，教官不会管教太严，所以训练不是很累。这是我人生中第一次军训，第一次和同学们住在学校里，有很多生活习惯没有养成。洗澡的时候，我不知道要带卡进去，我的舍友老王就帮我刷了卡，我感激地说："谢谢你。"到了吃饭的时候，我的好朋友陈皮家言一路带着我去打饭，吃完饭又教我洗碗。晚上训练完，我们准备睡觉，因为我第一次离开家，还不适应这样的生活，所以那晚我很想回家，很想我的家人，我便躲在被子里哭，我们宿舍的人都听见了。小郭跑过来对我说："没事的，还有两个晚上就可以回家了，而且在学校里有这么多人陪着你啊！"听了小郭的话，我心里舒服多了，便沉沉地睡去。第二天早上，宿管老师叫我们起床。我先换衣服、刷牙，然后小郭教我叠好被子，教我把蚊帐绑好，还教我把床整理好……军训的那三天，她们教会了我许多。虽然我们刚刚相处了三天时间，但这三天时间里，她们把我当成了好姐妹。这三天的时间说长不长、说短不短，却让我感到了"至善十班"是一家人，倍感温暖！

相遇实验中学，不负时光，我们要在这里一起生活三年，在这么好的学校、这么好的学习环境中快乐地成长，我感到很自豪。这次军训，增进了我和同学们的感情，让我学会了独立，也让我学会了坚强。在以后的学习中，我要比以前更认真、更勤奋，与同学和睦相处。昨天，我为学校感到自豪；明天，学校为我感到自豪。让我们一起努力吧，珍惜我们在一起的每一天，为我们的未来创造美好的时光！

第二节　创造教育的行动研究

一、创新课程建设研究

学校以学科为载体，对服务于应试教育的传统课程进行了大胆革新，构建了一套独具特色且行之有效的创造教育课程体系，并细化为"创新""创作"和"创业"三个层次。对基础知识的掌握提出了"创新"要求，即国家基础课程的教与学要突破常规思维，通过创造新方法、构建新元素、开辟新途径获得有益效果，并开设学科拓展课程和专题教育，发展学科应用能力，培养学生学习兴趣；对创造素质的培养提出了"创作"的要求，即开设个性发展课程，要求学习者在主题项目实践中能够通过达成创造性的、具象化的、跨学科的学习成果，促进认知方式和个性的发展，形成创造性思维；对学科整合的项目合作提出了"创业"的要求，即通过校内创业、社会参与、职业实践，培养具有开创性的思想、观念和意志品质，追求自我价值的实现。

创造教育课程模型的顶点代表着学生的发展目标（人才培养目标）；底层是面向全体学生的创新类课程，主要是国家课程的校本化实践和必修的校本课程，这个层级主要夯实学生的学科文化根基，培养学生的创新思维能力；中间层是创作类课程，主要是基于健康、人文、科学、交往和多素养融合的校本选修课程，旨在发展学生的核心素养，培养学生的创作能力，这个层级面向大部分学生，满足个性化发展需求；顶层是创业类课程，主要是多学科融合的项目合作课程和统整课程，旨在培养学生的创造能力，培养拔尖创新型人才（图1）。

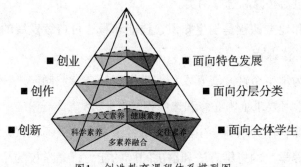

图1 创造教育课程体系模型图

（一）积极推进课程改革

1. 指导思想

课程改革是教育改革的核心内容，是全面实施素质教育的关键所在。课程应体现国家对未来人才的要求，适应社会发展的需求，凸现学校的办学特色，促进每一位学生的发展。

学生的发展是指全体学生的发展而不是部分学生的发展，是指学生人格的全面发展而不是只注重其智力的片面发展，是指学生有个性的发展而不是全部学生按同一标准样式发展，是指学生在原有基础上可持续的终身发展而不是只局限在学校的当前发展。这是"以学生发展为本"内涵的核心，也是学校课程研发的根本落脚点。

基于这样的课程理念，我们需要不断建立、完善有助于全体学生全面发展、个性发展和终身发展的学校课程。

2. 任务目标

经过五年的努力，学校不断拓展课程的广度和深度，初步形成现代的、多元的、开放的创造教育课程体系；增强课程内容的可选择性；强化校本课程的开发，形成较为成熟的系列校本课程；进一步规范课程管理，为学生全面而个性的发展提供优质高效的服务。在课程实施方面，学校充分应用信息化手段，探索智慧课堂和智慧评价，践行智慧教育。

3. 学校课程结构

学校课程包括国家课程、地方课程和校本课程，校本课程又分为健康、人文、科学、交往、多素养融合等课程群，着力培养学生的创新意识、创作能力和创业精神，包括必修和选修两类。

国家课程和地方课程是学生知识、技能和身心可持续发展的共同基石，在学习要求上为必修课程。

校本课程为学生个性发展开发，是学生特长、专业倾向进一步提升完善的发展阶梯，在学习要求上为必修和选修相结合。

综合实践课程作为培养学生能力及培育未来中、高考选拔人才的重要国家课程，侧重培养学生的思维方法和解决问题的能力，是学校的品牌课程。综合实践课程的规划和落实，以专职教师和课程组的形式开展，初一、初二、初三年级形成进阶式系列课程，组织形式有行政班、走班制、课题小组合作等，内容包括基本理论与方法、企业调研、课题研究等，课程与社会资源接轨，与学校文化、活动、班会德育、学科教学、校本开发有机结合，创造机会让学生从做中学，再从学中做。

全力拓展学校课程的广度，为学生提供丰富多彩、与时俱进的学习内容和多种多样的学习经历、学习体验，重在夯实基础、拓宽视野，引导创新和实践，培养学生的终身学习能力和健全人格。尽力拓展学校课程的深度，为在某方面有爱好的学生提供持续渐进的课程，重在为每一位学生的发展奠定基础，有利于造就个性化创新人才。

4. 主要举措

（1）建立课程发展中心。

课程发展中心由两个部门组成。一是课程开发指导委员会，由校长、社区代表、教师代表、家长代表和学生代表等组成。一方面加强指导，在课程开发过程中注重贯彻学校的育人目标，凸显创造教育特色；另一方面要沟通信息，反映社会（区）、家庭和学生对学校课程建设的要求，整合各种教育资源，为学校课程的实施提供人力支持。二是课程研发小组，由全体教师以及有意愿的社会专业人士组成，主要任务包括国家课程和地方课程的校本化研究、校本课程的开发研究、《课程指南》和《选课指导手册》的编制、学校课程资源库的建设等。

（2）完善学校课程结构，增加课程内容和学习方式的可选择性。

加强对国家课程目标和内容的研究，精选学生终身学习所必备的基础内容，增强课程内容与社会进步、科技发展和学生经验的联系，突出学科基本思想和基本方法的教学，在教学过程中突出强调学生的研究性学习过程。坚持面向社会引进优质高效的荣誉课程，丰富课程体系内容。

校本课程将依据每一课程的设计，在时间维度上分为短课程（8课时，社团式）、常规课程（12课时，专题式）和长课程（36课时，系列化）。在课程设置上利用长短不同的课程组合，为学生提供更多的选择。

成立国际教育交流与研究中心，积极开展国际教育交流与合作，注意引进IB、PGA等国际课程，拓宽国际化办学思路，唤醒国际课程的文化自觉。运用国际学生评估项目（如PISA，即Programme for International Student Assessment等）对课程、课堂、学生评价等问题进行行动研究，积极搭建国际交流平台，缔结国际姊妹学校，开展双边或多边交流，尝试开展合作办学，引进境外优质教育资源，以项目合作的方式开展课程研讨，搭建资源共享平台，提高教师对外交流水平和能力，并为学生升学或进一步深造创设条件。

（3）实行规范的课程管理和课程评价，促进学生全面而个性地发展。

根据寄宿制学校的特点，将学生在学校整体安排中可能获得学习经历和学习经验的各类活动纳入到课程建设和管理的范畴。制订相应的课程目标、内容和实施办法，并形成一套与之相配套的课程指南和课程管理方案，确保课程有序、有效进行。

根据每门课程和每项活动的具体要求，确定切实有效的评价标准，完善基于信息化平台的评价体系和成果展示，使评价方式多元、内容全面，促进学生全面而个性地发展。校本课程采取一系列举措，促进学校每学期产生一定数量的精品课程。

（4）应用信息化手段，探索智慧课堂。

坚持通过集体备课和小专题研究来强化教育信息化的效益，通过平板过关课、研讨课来研究不同学科的智慧课堂教学流程，通过大数据的收集和分析实施智能化评测与诊断，提高日常教学和复习备考的针对性。在课堂进行中，注重以"情境导入"激发兴趣，以"问题导学"开拓思维，以"学的活动"发展能力，建立健全智慧课堂评价标准和课堂信息化应用指南。

（5）搭建智慧平台，优化教学资源。

不断丰富和完善五种平台，即平板教学平台、慕课在线学习平台、网络备课平台、数字资源平台和大数据分析平台，积极推进各科组建设自主的学科资源库，加大力度研发符合学生学情的微课、优课资源和试题库，构建一个媒体多元、内容丰富、结构合理、可以满足学生各种发展需求的学习资源库。

（二）规划创造教育课程体系

经过前期调查研究和设计，学校在国家基础课程的基础上，将课程体系分为人文、科学、健康、交往、多素养融合等五大版块，既关注课程的创新性和实用性，又注意跨学科的整合性和趣味性，初步制定学校创造教育课程体系框架，见表1。

表1　课程体系框架

		人文	科学	健康	交往	多素养融合
	国家基础课程	语文、历史、政治	数学、生物、地理、物理、化学、信息技术等	体育、心理健康等	英语	综合实践
创新	学科拓展课程	趣说历史、说文解字、诗词鉴赏、阅读、时事评析、环球时光隧道等	生活数学、全球环境问题探索、科技创新方法课等	篮球、田径、羽毛球、网球、舌尖上的营养、心理探秘等	社会交往、英语口语交际、国防安全教育、责任与成长等	国际理解
	专题教育	知识产权、古代东莞史、思维之美、创新作文讲座等	学术研究方法讲座、创新发明技法、学子讲堂等	生命安全、青春期课堂等	跨文化交际等	创业与人才
创作	个性发展课程	创意油画、合唱、影片赏析、茶艺、剧本创作、艺术摄影、DIY工艺、创意卡通漫画、演讲与口才、古韵琴等、演奏基础和基本编曲、艺术压花贴画等	生态课程、趣味实验工作坊、旅游地理、基于scratch的创意机器人制作、3D技术、模拟飞行、easynight简易天文、橡皮筋动力飞机制作等	点心制作、民族舞、爵士舞、乒乓球、趣味排球、快乐足球、专业足球、艺术体操等	日语、韩语、旅行英语之轻松美国行、EDX Demonstration Course等	我们身边的中草药、多足机器人、助眠香薰蜡烛制作、

续 表

		人文	科学	健康	交往	多素养融合
创作	主题整合	叶脉书签制作、校园绿色行动、流动科学馆、创客行动、折纸承重、服装设计、环保创意、美食义卖场、体育节、插花艺术展、世界地理沙盘制作、模拟联合国、国际文化秀、读书节、辩论会、艺术节等				
创业	校内创业	跳蚤市场、咖啡吧运营、美食义卖场等学校范围内的创业活动				
	社会参与	通过野外生存、生态考察、志愿者行动、文化场馆参观、社区公益活动等加强社会参与				
	职业实践	以必修课程的形式进行职业考察、企业实习、社会调研等				

创造教育课程在为学生夯实根基、拓展多元化智能的基础上，还注重开发和发展学生的创造力。为此，学校开发了特色课程。创造教育下的特色型课程就是多学科融合的自主实践活动和自主研修活动，如STEAM课程、国际理解课程、创业体验课程、生涯规划课程等。特色型课程具有综合性、开放性、实践性等显著特征，需要实现多学科知识的灵活应用，涉及多素养融合培育，为部分学生提供更高的发展平台。

选修走班教学是学校重要办学特色之一，学校校本课程的开发注重课程内涵的挖掘和学生兴趣的培养，各学科教师都能根据自身特长和学生需求，积极开设校本选修课程。学生可以根据自己的兴趣爱好、性格特点和知识经验选课，每个学生都拥有自己的定制课表。教导处每学期都认真筹备，并且开设选课指导讲座，确保每个学生的个性化需求都能得到关注。

在开设的选修校本中，历史科组钟小敏的《做历史》、陈怀宇的《皇帝那些事儿》；政治科组刘利玲的《创意DIY》；语文科组杨岳如的《演讲与口才》、关淑怡的《说文解字》，数学科组杨娟的《趣味数学》；英语科组朱锡涌的《快乐日语入门》；生物科组李彩凤的《生物压花贴画》；综合二科张清泉的《基于Scratch的创意机器人制作》、曹顺的《科技实践创新》、陈修重和吴芳芳的《天籁之音》、孙向阳的《创意油画》、董崇慧的《专业足球》等课程，深受学生欢迎，也很有价值。学校向社会专业人士征集并开设了15门荣誉课程，包括《韩国语》《茶艺》《认识中草药》《羽毛球》《乒乓球》《网球》《心理探秘》《点心制作》《电吉他、电贝斯、电鼓演奏基础》等。学校选修走班课程的数量和质量迈向了新的台阶，也更有利于学生的个性培养和全面发展。

"走进企业"综合实践活动是创造教育课程体系中的重要组成部分。以刘文波为组长的综合实践课程组，坚持开展基于问题的主题实践活动来培养学生的创新意识，比如"汽车文化"研究主题，学生通过专业讲座、查阅资料、前期调研、实地考察和小组报告等完成综合实践活动。学生实地考察了寮步汽车城里的八家汽车生产和销售企业，引起了真实的调查感受，增长了丰富的社会知识，也培养学生的创新能力。

（三）优化创造教育课程体系

1. 积极发挥课程发展中心的作用

落实课程发展中心课程研发任务：基础课程的校本化实施研究、拓展课程的校本开发研究、编制《课程指南》和《选课指导手册》、建设学校课程资源库等。

2. 持续探索着力培养创新思维的智慧课堂

智慧课堂是课程实施的主阵地。办学以来，学校深入探索实践智慧课堂模式，不断利用信息技术改进课堂教学，追寻理想的课堂生态。

下一阶段，学校的智慧课堂教学实践以问题导学为基础，以信息技术为载体，全面实现以下四个功能：

（1）借助平台，拓展学习空间。

（2）协作赋能，促进深度学习。

（3）鼓励质疑，提升思维品质。

（4）借助数据，实施精准评价。

二、创新教师发展研究

（一）教师发展理念：与温暖同在，与创造同行

教育大计，教师为本。高素质的教师队伍是一所学校可持续发展的核心动力。学校的教师文化倡导"让教育与温暖同在，与创造同行"。创造教育理

念强调教师在教育教学过程中解放和发展自己的创造力，呼唤每一位教师走出传统"左手教材、右手教材、学科本位、各自为战"的教学方式，由传统的课程执行者转变为课程创造者。为了促进教师的专业成长，学校推行了"双线引领"——成长路径引领和立体教研引领。实践证明，学校教师文化成为培养教师创新发展的沃土。构建教育课程体系中的教师，既要从自身学科出发，做一个学科教育的创新者，又有机会围绕课程架构的五大领域开发个性课程。富有个性的教育实践解放和发展了教师的创造力，促进了教师的专业化成长。

（二）教师发展路径：构建"立人"名师成长策略（图2）

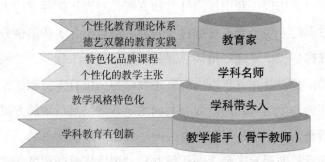

个性化教育理论体系
德艺双馨的教育实践　　教育家

特色化品牌课程
个性化的教学主张　　学科名师

教学风格特色化　　学科带头人

学科教育有创新　　教学能手（骨干教师）

图2　名师成长路径

立足教师专业发展需求，学校从"立人"的策略出发，构建了清晰的名师成长路径：教学能手（骨干教师）—学科带头人—学科名师—教育家。清晰的专业发展前景引领每一位志存高远的教师，探索实践自己的教育梦想，成为"良师"。根据名师成长路径框架，学校还引领每一位教师根据自身实际制订可望可及的梯级目标以及选择攀登路径，一步一个脚印地走上去，践行职业发展追求。

对于青年教师，学校采用"三晋级"的培养方式：一是新教师入门培养，即通过暑期岗前培训、每周校本培训、科组集体备课、观摩课堂、听评课等渠道，引导青年教师实现角色转换，上好"智慧课堂"常规课；二是青年教师骨干培养，即借助科组团队、年级团队、名师工作室以及各级教研展示平台，促进青年教师在学科领域创新创造，时时推出品牌课例；三是青年教师风格培养，即鼓励优秀青年教师通过外出观摩、交流展示、课题研究、自主研修等方式逐渐形成独特教学风格，推出品牌课程，成为市级学科带头人。

（三）教师发展措施：建设创新复合型教师队伍

高素质的教师队伍是一所学校可持续发展的核心动力。五年间，学校不断完善教师培训体系，为教师的自主发展提供时间和资源保证，打造一支在教育教学改革中有思想、有作为的骨干教师队伍。强化教研组建设，使教研组成为名师、名学科的孵化器。教研组每位成员制定个人专业发展三年规划，成为教研组发展的基础，力争每个学科形成品牌课程、品牌活动和品牌代言人。

（四）教师发展平台：推进青年教师成长工程

学校积极开展针对青年教师的校本培训。一是针对青年教师的成长需要，组织青年教师专题培训。利用校内外名师资源，对青年教师进行关于德育、教学、教研等方面的专项指导，可通过报告会、研讨会、实践案例分析等形式进行，每学期安排1~2个专题的培训。二是实施"青蓝工程"，开展"传帮带"师徒结对活动。令教龄在五年以内的青年教师与一位有丰富教学经验的教师结对，以2~3年为一个结对周期。双方共同制定开展结对活动的方案，落实双方责任和帮教措施，每学年结对双方要共同写出结对活动的总结。三是积极创设促进青年教师成长的展示平台。每年举办1~2项青年教师智慧课堂竞赛，通过松知院、松实谈等教师沙龙平台进行，激励青年教师快速成长。

搭建教师专业成长平台，加大名师培养力度，增强学校竞争力。一方面发挥已有名师工作室主持人的示范领军作用，培养优秀的后备力量，为名学科的形成打下坚实的基础；另一方面按照"教学能手—学科带头人—名师工作室主持人"的梯队建设思路，鼓励青年教师大胆尝试课堂教学改革，通过校际交流、高层次的学术研讨、出国培训等形式，提高青年教师的教育视野和理论水准。

三、创新德育体系研究

学校围绕"立德树人"的根本任务，以"尚美求真，守正出新"为德育目标，以"智慧德育"为实现路径，引导学生扣好人生第一粒"扣子"（图3）。

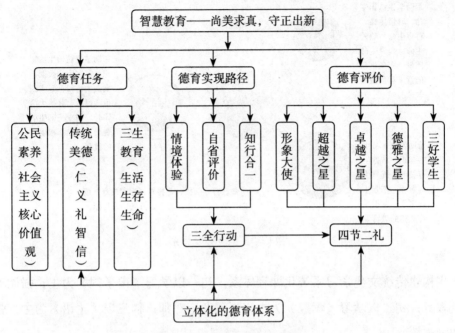

图3 立体化的智慧德育体系

　　智慧德育指在创造教育理念下，以培育公民素养为核心，依托中华优秀传统文化，将中华传统美德和现代公民素养有机结合，建立"三生教育"体系，坚持"三全育人"，融合信息技术手段实施的学校德育活动课程，培养学生对真、善、美的追求，促进学生的可持续发展。

　　在德育方法方面，学校主要采用情境体验、自省评价、知行合一三种方法，注重学生在实践和情境中获得经验，并用经验指导再实践，从而在实践中感悟成长。此外，学校以"读书节""体育节""艺术节""创客节""毕业典礼""校庆典礼"统称为"四节二礼"的活动课程为载体，全面实现活动育人、实践育人。在德育评价方面，学校不仅有"四节二礼"活动课程的过程性评价，还有以"德雅之星""卓越之星""形象大使"等多种评选方式为途径的榜样评价。

　　注重系统性的"三生教育"体系（见图4），分"生命""生存""生活"三大体系设置主题班会课，以期让学生珍惜生命，掌握生存技巧，学会快乐生活。

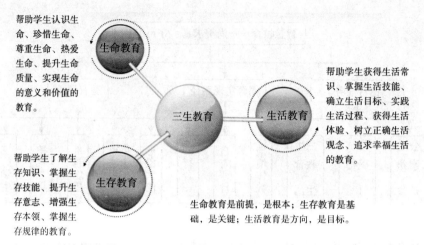

帮助学生认识生命、珍惜生命、尊重生命、热爱生命、提升生命质量、实现生命的意义和价值的教育。

帮助学生获得生活常识、掌握生活技能、确立生活目标、实践生活过程、获得生活体验、树立正确生活观念、追求幸福生活的教育。

帮助学生了解生存知识、掌握生存技能、提升生存意志、增强生存本领、掌握生存规律的教育。

生命教育是前提，是根本；生存教育是基础，是关键；生活教育是方向，是目标。

图4 "三生教育"体系

构建传统文化学习系统化课程体系。初一以学习《弟子规》为主，强调养成教育；初二以学习《孝经》为主，强调孝亲尊师；初三以《论语》为主，强调励志教育。

构建传统文化激励制度，对符合"仁""义""礼""智""信""忠""孝"等品质的学生颁发对应的卡片，如"仁优卡""义优卡"等，并赋予一定的激励政策。学生集齐所有卡片，则颁发"德雅金卡"，成为明星学生，受到学校表彰。

构建社团体系，确保实践育人的载体多样化，学校志愿者服务团队、心理社、朗诵队、足球队、跳绳队、车模、航模、无人机、机器人、打击乐队、英语戏剧社都在不同方面提升学生的能力。

构建学生会、班干部积分升级体系。学校设置"童生、秀才、贡生、探花、榜眼、状元、领袖"7个等级，学生凭所管理的区域成绩获得相应的积分，按照积分升级为不同等级的干部。学校以此激励学生干部在管理中树正气、成领袖。

突出主体性。三全行动指的是学校在教育活动中做到全面育人、全程育人、全员育人，其主体均是学生，三全行动即关注学生的主体性，培育学生自我管理、自主发展的能力。比如，班集体、学生会、志愿者协会、求是全媒体新闻中心等学生社团实现了学生的自我管理和自主运作。"四节二礼"活动强调全员参与性，鼓励学生根据自身实际参与活动的组织、策划、导演、表演、服务等台前幕后的工作，促进学生在不同舞台展现自我。德育课程注重发展学生的自知自省能力，引导学生每天写"成长记录表"，坚持日行一善，做到反思评价有记录、有量化。

注重课程化。学校注重德育活动课程化，开发推出了三生教育课程、传统美德课程、社会主义核心价值观课程、"四节二礼"活动课程等德育系列课程。

比如，传统美德课程的子课程志愿者课程培育学生社会参与核心素养。学校组织学生志愿者统一接受培训，定期开展探访敬老院等社区服务。学生在服务校园、服务社会的同时，增强了社会责任担当意识。财经素养课程是三生教育课程的子课程，分个人理财课程和创业课程。个人理财课程指学校通过成长记录本计算个人花费，并由此形成预算、赤字等基本财经素养，目的让学生学会节约、合理消费。班级（社团）承包学校的尔雅书吧用于创业，所有收益服务公益，培养学生的创新能力、实践能力和责任担当意识。

四、现代组织管理变革

（一）组织管理架构

创造教育与传统教育最大的区别就是其开放性，创造教育强调民主、自由、平等、和谐的教育环境。因此，学校以"专业化"和"服务化"为理念，以提高学校办学质量为目标，积极构建现代管理架构，力求实现民主高效管理。

1. 机构重组：以专业化、服务化为中心

特点：凸显专业化、服务化。

具有专业性。共同育人是各类组织机构彼此关联的结合点，各行政组织和业务专业组织目标一致，尤其是学术委员会履行咨询、参谋、监督的重要职责，体现专业性。

具有服务性。以年级组和项目组为执行主体，扁平化管理，各行政组织中心充分发挥指导、支持的作用，从不同的方面为教育教学中心服务，体现其服务性。

具有紧密联系性。所有机构同属一个学校整体，有共同的目标和工作上的联系，但这种联系并不相同，有的是领导与被领导关系（一般是同一系统），有的是并列、并行或指导与被指导的关系（一般为不同系统或同一层次的）。同时，各类人员因扮演着多种角色，也就存在许多交叉关系。

具有统一性和灵活性。常规任务由固定组织（年级组）执行，临时性任务由临时组织（项目组）执行，二者相互支持与补充。

理念之变——创造教育下的学校管理理念坚持专业化与服务化的原则。学校行政团队及中层管理团队以每周集体学习、研讨、反思和再修整的团队协作方式，不断提升领导力，实现自身转型发展。

机构之变——学校对传统的管理架构进行改革重组，党总支、教代会、校长室作为最高领导层级，权责清晰。校长室下设六大中心，各司其职，建立起各项工作网格化服务体系。

2. 智能管理：建立信息化校园管理架构

学校推进智慧校园建设，实现教学系统、办公系统、后勤系统、安全系统的数字化管理。

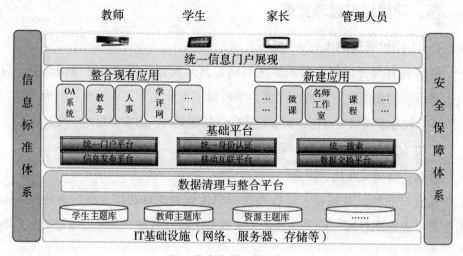

图5　信息化管理校园架构

学校数字化校园平台（见图6）借助八大板块，有机整合各种资源，服务于学生、教师、家长，构建全社会参与资源库网站评价建设的完整体系。

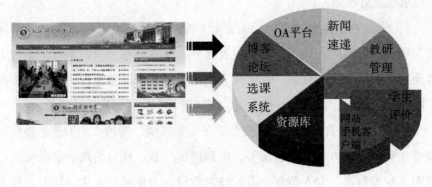

图6　学校数字化校园平台

（二）组织保障机制

1. 制度保障

为确保规划的顺利实施，各部门、个人要制定相应的发展规划，形成较详尽的计划方案体系，把规划内容落实到位。同时引进监控机制，组织教职工学习、了解，并对规划提出意见或建议，实施监督。对规划实施者做出业绩评估，促进规划有步骤、高质量地实施。

每年以教代会的形式向教师通报规划的实施情况及下一步执行的措施，并进一步明确各自应当承担的任务。学校根据规划的内容，每学年评估，认真分析规划实施情况，主动调整措施，确保五年规划的实施。

2. 后勤保障

树立服务意识，确保服务质量。改善教师办公条件和学生上课条件，教师教学环境舒适，学生学习环境优美，教育教学设备先进、齐全、安全，满足教学需要。合理调整布局，充分利用教育资源。

（1）成立后勤指导督查组，负责对各服务机构提供的后勤服务进行工作指导和质量监控。小组对工作人员、负责人进行制度化管理，制订标准细则，规范化管理。指导督查组的工作目标是确保参与后勤服务的各公司服务达到质量标准，完整履行合同条款规定的各项义务。

建立"两会"制度：一是每周召开一次工作例会，总结前一周工作情况，安排和布置本周主要工作，明确有关质量要求；二是每学期召开两次服务质量分析会，邀请学生、教师代表，家长代表参加会议，对服务工作进行质量分析，征求意见并改进。

（2）成立食卫监督小组，负责监督食堂及小卖部食品安全卫生的情况，对饭菜质量、价格进行监督，每天检查评分，即时公布，及时整改。学校不定期邀请卫生部门和家长代表、学生代表突击检查，由医务室牵头，成立检查小组，制定标准细则，有检查、有落实、有反馈、有奖惩，真正见成效。

（3）逐步建立智慧校园，在安全防护、学校资产管理方面发挥积极作用。特别是在资产管理方面严把进出关，做到进出一致、账目清晰、重新规范、出台细则、专人负责、专人监管，及时核对数目，避免财产流失。同时，探索建立"码上校园"，达到"慧管理""慧应用"。

（4）后勤服务中心提高服务效率，出台后勤管理细则，加大宣传，从细微处做起，积极督促做好设备配备和日常维护工作、校园绿化保养和环境管理工作、节水节电和安全用电工作。

（5）后勤团队加强人员培养，定期培训，提升素质，提高服务质量。每学期至少"走出去"或"引进来"学习一次，提升业务能力。

3. 安全保障

树立牢固的科学发展、和谐发展和安全发展的观念，始终坚持"以人为本、安全第一，预防为主"的方针，扎实开展安全工作。

全面落实学校安全工作责任制，完善学校安全管理制度；定期对校舍和教育教学设备进行检查整改，消除安全隐患；积极开展安全教育和安全防范，定期举行地震及消防等演练工作；强化食品卫生管理，加强师生心理健康教育和辅导。

第三节 创造教育的办学成果

学校开办以来，教育教改成绩显著，社会声誉日益提高。学校采用"走班制"与"导师制"相结合的教学机制，学生上午按行政班上课，下午根据自主选择走班上课。学校构建了创造教育课程体系，积极培养学生的创新能力，采用"问题导学""项目合作""课内外主题实践"等教学方式，建立基于智慧评价的个性化评估系统，积极探索创新人才培养机制。

五年多的创造教育特色办学实践，学校取得阶段性办学成果，获评首批中国STEM教育领航学校、教育部全国基础教育信息化应用典型案例单位（全市唯一）、中央电教馆中小学人工智能教育实验校（全省唯一）、国家教育信息化产业技术创新战略联盟创新实验校、中国教育技术协会"十三五"课题实验校、中国陶行知研究会创客教育实验学校、全国青少年校园足球特色学校等国家级荣誉，首届毕业生中考成绩在全市公办初中学校中名列前茅，在校师生在德、智、体、美、劳等领域的应赛活动中摘金夺银，如一匹黑马惊艳业界，成了东莞市基础教育的后起之秀。2016年，《基于创客教育的智慧学习环境构建的实践研究》项目荣获广东省中小学教育创新成果一等奖。2019年，《智慧环境下中学"三创"课程体系构建与实践》项目荣获广东省基础教育（中小学）教育教学成果一等奖。松山湖实验中学部分集体荣誉如图1所示、松山湖学生和教师获奖情况如图2所示。

学校的办学特色被《中国教师报》《南方日报》《教育信息化》、广东卫视、东莞电视台、东莞阳光网等多家媒体报道。

松山湖实验中学部分集体荣誉

获奖年	获奖单位	奖项	颁发单位	等级
2018年	松山湖实验中学	首批中国STEM教育领航学校	中国教育科学研究院	国家级
2018年	松山湖实验中学	全国青少年校园足球特色学校	教育部	国家级
2017年	松山湖实验中学	中国花式足球锦标赛中团体组季军	国家体育总局社会体育指导中心	国际级
2017年	松山湖实验中学	中国陶行知研究会创客教育实验学校	中国陶行知研究会创客教育研究院中国陶行知研究会	国家级
2016年	松山湖实验中学	中国教育技术协会十三五课题实验校	中国教育技术协会	国家级
2017年	松山湖实验中学	广东省书香校园	广东省教育厅	省级
2017年	松山湖实验中学	广东省航空航天特色学校	广东省航空学会	省级
2017年	松山湖实验中学	广东省中小学电脑制作活动创新教育先进单位	广东省教育技术中心	省级
2017年	松山湖实验中学	2017年东莞市青少年科技创新大赛荣获特别贡献奖	东莞市教育局东莞市科学技术局东莞市科学技术协会	市级

图1 松山湖实验中学部分集体荣誉

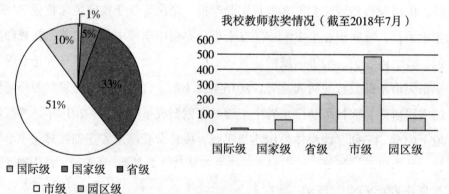

我校学生获奖情况（截至2018年7月）

我校教师获奖情况（截至2018年7月）

图2 松山湖实验中学学生和教师获奖情况

一、形成全面与个性并举的创造教育理念

在中小学教育中，实施创造教育、培育创新人才常常存在以下问题：一

是目标虚无化。每所学校都明白培育创新人才的重要性，但是符合中小学生认知发展规律的创造教育目标却是虚无的。学校在培养创新型人才方面往往只是凭借一些科技活动，通过一些小技术的改良来展示教育的成果。这样通常忽视了从原理和方法论上对学生创新能力的培养，学生能创造性解决问题的目标难以实现。当前，"创客教育"十分火爆，但是强调的却是创意物化，而不是创新素养、创新精神和创造型人格的培育，其实后者才是创造教育的真正目标。二是课程活动化。不少中小学校以社团、兴趣组等形式开展科技小发明等智力竞赛活动，取得了很好的成效，但是忽视了对培育学生创造力的课程开发和施行。实施创造教育的主要途径是课程建设，主要阵地是课堂，要通过课堂教学来培养学生的创新意识和创新思维能力。以传授知识技能为主的"一刀切""齐步走"课程模式和针对应付考试的"满堂灌""满堂练"课堂模式都无法满足培养创新人才的需求。三是取向单一化。创造教育往往被认为是在科技领域的创新创造，这是很片面的认识。创新人才的培育其实是不限领域的，除了科技领域以外，文学、艺术、政治、经济等领域都需要创新人才，纠正这种片面的价值取向很有必要。四是评价片面化。对于学生发展的评价往往是以考试成绩为标准，特别是统考成绩作为终结性评价。作为衡量学生素养的唯一标准，从工具和实践中都缺乏多元评价、过程性评价和科学评价，人才选拔方式片面化，无法满足学生的个性化发展需求。

东莞市松山湖实验中学开展创造教育，立足于促进学生的全面发展和个性发展。针对以上问题，一方面创造教育面向全体学生，培育学生全面发展的素养，重视国家课程校本化，从学生素养培育到课程目标、教与学策略、学生评价、文化营造、空间重构、社团活动，构建完整的教育生态链；另一方面重视知识的运用，重视培养聚敛思维和发散思维，搭建创新、创作、创业平台，鼓励学生主动探索，发现问题、创造性解决问题。其任务是培养学生的好奇心、创造意识、创造能力、创业精神，促进学生个性化发展。

二、构建严谨与灵活并存的课程管理机制

（一）课程管理组织结构

学校成立课程领导小组（以下简称课程组），负责做好学校课程体系的

规划和课程建设过程的管理。课程领导小组由学校校长担任组长，由其他校级领导担任副组长。教学副校长任执行副组长，负责课程组的具体运作。课程组成员由课程管理处主任、教师发展处主任、学生发展处主任、教研组长、年级组长、学生代表、家长代表组成。课程领导小组常务工作由课程管理处主任牵头，由课程管理委员会负责，包括召集、协调、商议、评审、决策、保障等工作。组织结构如下：

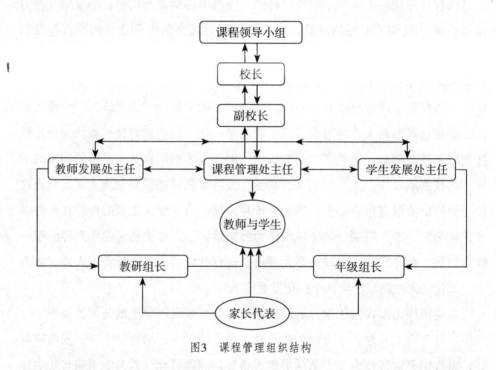

图3　课程管理组织结构

（二）课程建设流程（图4）

为使创造教育课程体系形成可持续发展的健康生态系统，教师发展处、学生发展处、教研组、年级组共同对课程管理的不同对象负责，并全程参与课程需求提出、课程申报、课程设计、课程审核、课程实施、课程效果反馈及评价。学生代表和家长代表可通过课程领导小组参与课程审核，并提出需求和建议。课程建设流程如下：

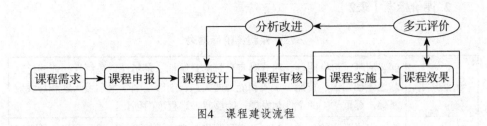

图4　课程建设流程

（三）课程评价体系

课程评价是促进课程体系不断改进发展的关键环节。课程领导小组在每学期末，通过查阅、审查课程相关资料，分指标打分、汇总、排序，经课题评审会议集体评议后对每学期开设的课程进行评价。

1. 课程评价指标构成

由课程领导小组对"课程设计""实施情况""课程成果"相关材料进行评审，并给出相应分值。由课程管理处汇总"课程设计""实施情况""课程成果""学生评价"四项得分，排序后交课程领导小组审议。课程评价指标构成见表1：

表1　课程评价指标

评价指标	课程设计	教学过程	课程成果	学生评价
所占分值比例	20%	20%	35%	25%
总计20分	4分	4分	7分	5分
具体评价依据	课程申报时递交的课程说明	课程管理手册	学生作品、教材、课件等	学生评价表
主管机构	课程管理处	课程管理处	教师发展处	学生发展处

课程评价设"优秀""合格""不合格"三等，凡考核总分低于一半分值的即评定为"不合格"。若"课程设计""实施情况"两项指标得分为零，即评定为"不合格"。不合格的课程下学期不再开设，连续两年被评为"优秀校本课程"即升级为学校"精品校本课程"，学校也为优秀课程的指导教师设置了奖项。

2. 评价标准（表2）

表2 课程评价标准表

课程设计	框架清晰、目标明确；内容具有良好的系统性、逻辑性、适用性，能够比较好地体现知识、技能、素质和能力的关系；能够增强学生学习兴趣和自我效能感，尊重学生的个性化发展；能够有一定程度的创新。
教学过程	能够完成既定的教学目标；教学环节张弛有度，教学方法新颖多样；课堂氛围活泼、愉悦。
课程成果	物化成果积累丰富；教师素质对比提升；能够为教研积累素材；对其他课程有一定的借鉴意义。
学生评价	学生的综合能力对比有所提升；学生获得愉快、积极的课程体验；有继续深入学习的兴趣。

（四）课程实施方法

新型课程体系的构建是创造教育的基础，形成一个具有创造性的生态才是实现创造教育的最终目标。在良性循环的教育生态中，每个参与者都会受到创造性氛围的积极影响。这就需要将创造教育的思想和理念渗透进课程实施方法中，让教育生态中的每一个环节都能够为创造性人才的培养产生效能。为此，学校从以下三个方面着手：

1. 创设选课走班制

选课走班制是对传统行政班级授课的优化，使教学可以不再局限于以班级为单位，真正实现因材施教、分类指导、分层提高。根据培养目标，学校细致规划学生在校时间，将一周选修课程按照书香阅读、兴趣爱好、项目研究、特长学习、创业活动安排，精选50多门选修课程。学生可以根据自己的兴趣爱好、性格特点和知识经验选课，每个学生都拥有自己的定制课表。个性化发展不再是口号，而是切实地从尊重学生学习知识的自由和学生选择的权利做起。学校配备了选课指导教师，避免学生随意盲目选课。这种流动的教学组织形式，扩大了师生、生生之间的交流互动。无论是行政班授课，还是走班选修课，学校始终坚持小班化教学，确保学生的个性化需求能够得到关注和满足。

学校力求兼顾学生的个性化发展和升学压力，在选修课程中实现国家基础课程的分层教学。学生可根据自身的知识基础选择不同层级、不同学科的教学班，教师根据学生的知识基础定制教学计划，以满足不同学情的学生在选修时段学习国家基础课程的需求。学有余力的学生可提升传统学科知识的深度和广度，力有不逮的学生也可对学科知识进行巩固，提升教学效率和学生学习效率。

2. 创新智慧教学新模式

创造教育理念主张教学活动的开展以学生为中心，创设个性化的学习环境。为使因材施教的教学方法得到高效展开，学校实现校园网络全覆盖，并为每一名学生配备了平板电脑，借助信息技术，积极开展探究学习与合作学习统一，实践问题导学的智慧课堂，培育学生的创新素养。

智慧化教学手段为课程体系的高效运转提供了有力支撑。现将学校探索的智慧教学模式总结如图5所示：

图5　智慧教学模式

（五）提炼课程成果

为了让创造教育成果看得见、摸得着，积淀成为可传承的文化，学校注重品牌培育过程的同时，也注重对培育成果的整理、提炼和固化。

1. 编辑出版一批校本教材

学校围绕创造教育课程体系下的顶层设计，构建了涵盖健康、交往、科技、人文、多素养融合五大系列的180多门校本课程。经五年多的沉淀与提炼，一批校本课程已经成为精品特色课程。学校将启动优秀校本课程出版计划，通过拟定编写方案、专家培训及编写方案论证、编写教材、学术委员会审查、修订排版等程序，促进优秀校本教材编订出版。

2. 展示一批学生创客作品

围绕培育"具有民族精神、国际视野和创造性人格的优秀学子"的目标，学校利用创造教育课程体系，培养学生的创新意识和创造能力，借助各种创客交流平台，完成一批原创作品，让学生体验创造收获，让学生的成长看得见。

三、构建精细与创新共存的智慧管理体系

为了更好地探索创造教育及智慧德育，使得学校能够有序和谐发展，学校对传统的管理架构进行改革重组，确保创造教育办学特色渗透到教育教学各方面。学校建立了几十项规章制度及相关管理细则，涵盖了学校工作的各个环节，明确"制度管人，流程管事"的管理原则，使得学校各项工作有章可循、有法可依。此举体现了社会主义核心价值观的"公正"与"法治"。

在学生的日常行为规范方面，创新管理无处不在。智慧手环记录学生考勤状态及睡眠质量；智慧班牌展示学生的优良作风，宣传正能量；学校推出的智慧点餐系统，更是提升了学生的文明用餐意识。

四、开展躬行与体验并进的创造教育活动

实施创造教育，要从教师自身开始。学校先后举办"松实好建议""感动松实人物"颁奖仪式、"创业的风采"求是奖颁奖典礼等活动，以此树立教师敬业爱岗、积极创新的典范，弘扬师生高尚的道德情操。语文科组的老师进行特色展示如图6所示。

图6　语文科组的老师进行特色科组展示

通过对创新和创业典范的大力宣传，学校积极建设一支创新进取的教师队

伍。只有教师具备创新、创业活力，才能激发学生的创新、创业活力。

与此同时，鼓励学生自主创新，通过学生创业担当责任，培养学生认真细致、不折不挠的作风，从而培养出未来的创业精英。学生班级（社团）承包学校的尔雅书吧进行创业（图7），由学生自己做出设计规划，所有产品都是原创产品，所有收益都服务于公益，这些举措培养了学生的社会担当意识、创新能力和实践能力。

图7　尔雅书吧创业团队的日常经营活动

学生经营尔雅书吧，通过自己的劳动实践对口帮扶韶关市一所贫困学校，而不是伸手向父母要钱来捐款。此举也让学生感受到创业之艰辛和财富的来之不易。

松山湖实验中学依托学校课程平台，开发实施了"三生"教育课程、传统文化课程、"四节二礼"活动课程等智慧德育系列课程。

学校还联合广东首家社工机构——隔坑社工服务机构合作开设校本课程"践行社会主义核心价值观之最美人物故事汇"（图8）。

图8　社工讲授最美人物故事

德育课程的创新，拓宽了学生的视野，激发了学生的潜能，唤醒了学生内心的善良，体现了学校"对每一位学生终身发展负责"的办学宗旨，彰显了学校努力践行社会主义核心价值观的决心。

五、形成了多维与多元共生的智慧评价

创造教育要求民主、自由、平等、和谐的教育环境。在这种理念下，充分尊重学生的独特性，发挥学生的主体性，激发学生的创造性，建立健全一套多维度、过程性、发展性的评价系统，力求真实地记录每个个体的生命成长过程。

办学之初，学校创建了基于学生发展性评价和过程评价的综合素质评价系统，即智慧评价系统。智慧评价系统分为"基本规范""精神气质""沟通交际""求是创新"等十大模板（图9），十大模块又细分为53个观测点。通过系统大数据分析平台记录学习和生活过程，进行学生成绩、素质能力多维度的智能化自动评测，自动生成基于学

图9　智慧评价系统十大板块

生各方面数据的评价报告，引导学生全面认识自我、反思自我、发展自我。

第二章

构建学校的创新文化

教育是人的教育，立足于生活，促进人的完善，提升人的精神品质。结合学校创造教育的课程体系，发挥创造教育价值引导、能力提升的重要作用，探索符合学生成长特点的教育教学方式，形成体现"创新、创作、创业"的学校文化，培养学生的创新意识、创新思维，发展创造性实践能力和创业精神，形成国际视野和创造性人格。

第一节　校长创新素质的修炼

一、做意识超前、勤于思考的校长

如何建章立制？如何布局谋篇？如何在同类学校中脱颖而出？如何把新办的松山湖实验中学建设成为一所新优质学校？

作为校长，就是要始终坚持"对每一位学生终身发展负责"的教育理念，根据学校已经初步拟定的办学理念、宗旨，及"办一所有创新活力的幸福学校"的办学愿景，确立学校章程，落实组织编写各项规章制度，编印教职工培训手册等有关落实顶层设计的配套工作；通过岗前培训，让全体教职员工加深对学校理念、宗旨、愿景的理解，形成对学校文化的高度认同，并把这种认同感付诸教育教学的实际行动。

思考，是思维的一种探索活动。

思考力，则是在思维过程中产生的一种具有积极性和创造性的作用力。

校长思考力，是指校长在思考学校发展的过程中产生的一种具有积极性和创造性的作用力。

思考，是对学到的知识进行归纳、提炼、消化和吸收的过程。无论是书本上的知识、实践中的体验，还是其他人的经验，要转化为自己的能力和本领，都离不开自己的领悟和思考。思考得越深，消化吸收得就越多，能力提高得就越快。

对于教育教学问题，校长一定要用心思考，多问几个为什么，多换几个角度，多分析几种情况，多思考几种思路，多探索几种办法，形成独立思考的能力、提出独到见解。

带着思考工作是一种理性的工作状态。校长每天都要面对错综复杂的教育教学问题，对各种问题都要思考破解之策和应对之道，会思考就能以积极的心态和理性的视角去迎接挑战。

带着思考工作是一种智慧的工作状态。工作要讲究智慧，教育更是一项充满智慧的工作。只有带着思考面对教育工作，才能智慧地开展教育工作。带着思考工作是一种具备创造性的工作状态。创造性的工作源于思考。科学研究如此，教育工作亦然。

带着思考谋发展。思考形成思路，思路决定出路，只有想到才能做到。一个教育领导者，一定要有清晰的教育发展思路，才能引领学校科学发展，并带领大家克服困难，实现学校或整体转型，或洼地崛起，或特色凸显，或品牌营创。

校长要在总结过去的经验教训的基础上，打开自己的思路，或系统思考，或辩证思考，或换位思考，或超前思考，或创新思考，不放过每一个对学校发展有利的条件和机会，统整资源，独辟蹊径，这样就能带领学校步入佳境，领导学校跃上更新、更高的发展平台。

校长修炼思考力，一是学点哲学，提高哲学素养；二是选读思维学方面的书，开辟一些思维路径；三是养成谋而后动的工作习惯，避免无谋而动；四是学习先进的教育理念，为广思、善思、细思、深思、反思做积累；五是在实践中探索，实践探索往往是最有效的思考力修炼方式。

在德育方面，学校把公民素养教育确定为建校初期的工作核心，并根据学生的不同特征，制订初中三年的教育活动计划，有目的、有步骤地培养学生的公民素质，让民主、责任、感恩、自律、上进、合作、友善、创新等品质逐步影响学生的人格树立，引导学生的成长。

在教学方面，校长率领大家以智慧课堂为抓手，开展系列研修活动，让信息技术与教育教学有效融合，不断探索各学科有效教学模式，积极打造高效课堂。

校长于一所学校而言，是集领导者、管理者和教育者于一身的专业人士。这三者不是分离的。领导之于管理，有一种高瞻远瞩的视角和谋划；领导之于教育，有一种教育价值的追求和引领；管理之于领导，有一种理念融入的落实和运行；管理之于教育，有一种教育规律的体现和运用；教育之于领导，有一种教育良知的坚持和守望；教育之于管理，有一种教育本真的遵循和践行。

一所学校发展得如何，很大程度上取决于校长的能力。作为领导者，校长就像一个指挥家，引领一个团队充满激情地为共同愿景而奋斗，仰望星空谋发展，解决"做什么"以及"为什么这么做"的问题，努力做正确的事。

作为领导者，校长应是一个思考者。思考形成思路，思路决定出路，带着思考才能理性、智慧、创新地工作。一个具备远见卓识的教育领导者，才能引领学校科学发展。

创新是学校发展永恒的主题，作为领导者的校长就要具有突破传统的勇气和不断开拓的精神，常怀创新之心，常谋创新之举。唯有这样，学校的发展才能符合时代发展的新要求，不断跃上新的发展平台。

作为领导者，决策是校长一项重要的长期的工作。对校长而言，决策的成功是最大的成功，决策的失败是最大的失败。校长要科学决策，把握学校发展的大方向，不断提升自己的决策力。

在领导工作中，激励是一种重要的方法，目的在于统一组织意志，使组织成员心情舒畅，从而实现组织目标。领导者的责任，就是激励人做得更好，充分调动人的热情和积极性。

建校伊始，我就着手学校顶层设计，明确了"办一所具有创新活力的幸福学校"的办学愿景，构建了具有学校特色的"创造教育课程体系"，注重开发学生的创新意识和创新思维，培养学生的创造性实践能力和创业精神，让学生形成民族精神、国际视野和创造性人格。围绕构建教育课程体系，我探索实施了一系列改革。

1. 实行学生选课走班制

实行教学模式改革，上午行政班上课，下午学生选课走班。围绕"中学生核心素养"，学校构建了涵盖健康、交往、科技、人文四大课程门类的168门校本课程。在信息技术的支持下，学生通过线上校本课程微课和线下推介会了解校本课程的教学内容，并在指定时间内根据自己的兴趣、特长和学习能力进行网络报名选课，建立"私人订制"课程表。

2. 构建创造教育课程群

作为一校之长，我鼓励在校教师开设校本课程，同时打破围墙壁垒，面向全社会公开征集符合创造教育课程体系的荣誉课程，实行了智慧众筹多元化育人模式。学校开设了由"中国十大社工人物"徐祥龄社工团队执教的《社会主义核心价值观》、由广发银行理财经理执教的《财商》、由佛山科学技术学院教授执教的《认识我们身边的中草药》等14门选修课。

3. 采用智慧课堂教学模式

学校为学生免费配备平板电脑，率先在东莞市实行全校师生平板教学，探索实践基于信息技术的智慧课堂模式。五年来，"智慧课堂"的探索实践不断升级，尤其是基于大数据分析的精准化教学、精准化备考等模式，提供给学生个性化学习路径。同时利用"数字资源平台""网络备课平台""平板教学平台""慕课在线学习平台"和"大数据分析平台"，形成了基于智慧学习环境下的"三位一体"课堂教学模式。

4. 营造民主宽松育人环境

要培养创新人才，民主宽松的文化氛围是不可缺少的。在"办一所具有创新活力的幸福学校"的办学愿景引领下，学校构建了基于培养学生创新素养的育人环境。学校注重营造和谐的校园人际环境，始终从关注师生的教育生命出发，管理、教育、教学处处彰显出对教育的深刻理解和对生命的充分尊重。学校引导教师民主参与管理，让人人树立主人翁意识，希望通过学校开展的一个个朴素、生动而扎实的教育活动，让所有教师都在这里收获事业的成功和家庭的幸福，让学校成为师生的幸福家园。

5. 构建多元智慧评价体系

基于学生发展性评价和过程评价创建的综合素质评价系统，共分十大模块，53个观测点。智慧评价的实行改变了教师单一评价主体的现状，实施多元评价，其中国家课程以学生成绩和课堂表现、课后讨论、任务完成情况为主，校本课程以上课表现和学习成果展现为主。学校开发了线上线下数据融合的评价2.0版，鼓励学生把制作过程和产品成果分享到学校MOOC平台和微课掌上通平台。通过系统大数据分析平台记录的学习和生活过程，进行学生成绩、素质能力多维度的智能化自动评测，所有评价数据可随时查询、多处追踪，并可多元比较，系统自动生成基于学生各方面数据的评价报告。

6. 培育富有创造力的教师团队

多年来，通过示范课引领、研究课题引领、讲座交流引领、专业著作引领等方式，培育了一批精于创造的教师团队。借助学术委员会、青年教师成长促进会指导教师规划创造教育教学内容，学习课堂管理技巧，鼓励教师创造性地开展教育教学活动，在活动中培养学生的创新意识和创新能力。

师资队伍建设是学校工作的重中之重。一方面，学校积极引进高层次人才，提升教育质量。学校通过网站、微信等平台发布招聘启事，收到来自全国的优秀教师和毕业生的应聘简历。学校组织了严格的考核程序，完全做到公开、公平、公正。教师的素质决定了学校发展的高度。每一次的教师招聘过程，学校都坚持精心挑选、认真考核、保持公正、不徇私情，严格把好教师招聘关。同时，学校也注重做好已调进教师的服务工作，及时办好各种手续，及时发放工资和津贴，让教师工作安心、做事放心。另一方面，以跟岗学习为动力，推动教师专业能力不断进步。教师积极参与集体备课和科组研修活动，探索借助智慧教室打造高效课堂。学校每周开设"实中大讲坛"，不仅邀请专家来做报告，也挖掘学校内部资源，让在学科教学和班级管理方面有突出成绩的教师走上讲坛，为其他教师传经送宝，大家互相学习、互相借鉴、共同提高，促进自身的专业能力发展。

学校教师积极参加各项比赛，不断创造佳绩。刘利玲老师获得2014年东莞市中小学班主任专业能力比赛一等奖、2014年东莞市初中思想品德优课比赛一等奖、东莞市综合实践优课比赛二等奖；凌波老师获得2014东莞市初中数学第二批教学能手称号、2014年东莞市初中数学片段教学现场比赛一等奖、2014年东莞市初中数学微课比赛二等奖、2014初中数学第二批教学能手评选活动终评笔试二等奖；杨岳如老师获得2014年下半年东莞市初中语文微课评选获一等奖、2014年东莞市初中语文童话寓言教学优秀课例评选二等奖；李彩凤老师在东莞市生物学实验技能比赛中获得优胜奖，《植物体的结构层次》教学设计评比获省二等奖，论文《新教师建立高效课堂的初步探究》分别获得省、市三等奖；杨岳如、关淑怡老师的论文分别获市二等奖和三等奖；刘利玲、杨岳如老师还被选拔为市名班主任工作室成员。

二、做守正出新、文化立校的校长

（一）校长的领导力

领导，是领导者为实现组织的目标而运用权力，向其下属施加影响力的一种行为或行为过程。校长领导力，是指校长在引领学校教职员和学校利益相关者制定学校发展目标，以及引领他们实现预定目标的过程中所体现出来的影响力。校长力，可以理解为校长综合素质和能力的体现，把校长领导力理解为校长作为领导者的一种能力。作为学校的管理者，校长应该是学校发展方向的指引者、发展目标的筹划者以及学校成员信念、态度和价值观的引领者，应赋予教师应有的权力，并通过协商与支持，与教师共同做出关于学校发展的重大决定。校长的工作重心在于让学生整体形成共同的理想和一致的力量，促进学校的变革与创新。学校要发展，需要抓大事、有远见、重创新、讲民主的校长。

校长要锻炼领导力，就是要实行管理行为。这种领导力体现在校长的思想领导、战略领导、团队领导、行政领导、文化领导、课程领导、教学领导、教研领导等方面。

校长的教育思想是一所学校的灵魂。校长要善于把自己的教育思想体现在办学的目标中，落实在管理行为过程中。因此，校长应具备以下领导力：

校长的战略领导。一个有领导力的校长，需要具备战略眼光，能站在时代发展的前沿，全面审视基于社会变革背景下的学校内外部环境，思考并回应"学校现在处于什么位置""学校要向何处去""学校的哪些行动能帮助我们达到愿景"等问题，对学校的未来发展做全局性、长期性、层次性、稳定性、风险性和适应性的谋划。

校长的团队领导。学校层级大致可分为领导层（校领导）、管理层（中层干部）和执行层（年级组、教研组和教师），学校的每一个层级都是一个团队，每一个团队都有其他部门不可替代的作用。校长处于层级的顶端，就要建设一个凝聚力强的领导团队，组建一个强有力的管理团队，培养一支高效的教师队伍，实现有效的团队管理。

校长的行政领导。校长实施行政工作，主要是通过制定制度来进行的。哈佛大学的成功，正是因为形成了一种明确的办学理念，一套系统的制度，即使没有校长，学校照样可以正常运转。没有规矩，不成方圆。校长就要制定经过民主决定、体现促进学生健康成长、引领教师自主发展、促进学校正常运行和持续发展的制度。

校长的文化领导。校长领导一般要经过三个阶段，一是个人领导，通过校长的个人魅力影响学校发展；二是制度领导，通过制度来实现校长的领导；三是文化领导，通过营造学校文化，以文化的力量引导学校发展。学校文化是棵生命树，是一所学校生生不息、薪火相传、走向成熟的最肥沃的土壤，是学校的灵魂。

校长的课程领导。课程建设是学校的核心发展力，随着国家课程权力的不断下放，校长要狠抓课程领导，才能保证课程改革健康全面地推进。"校长要善于把握师生在课程开发中的需求，尽可能多地为课程开发的组织实施拓展空间，组织力量对课程的组织实施进行科学规划，制订明确的实施计划，并真正使之落实到位。"[1]

校长的教学领导。教学是体现教育活动本质特征最基本的活动，是学校的中心工作。学校设置的课程一般要通过教学才能达成，课程与教学是不可分割、相互衔接的一个整体。校长在进行课程领导时，必然要进行教学领导，指明教学活动方向，提出教学发展愿景，探索高效教学策略，指导教学改革实验等。

校长的教研领导。教育改革与发展是在研究中进行的，没有研究视野，研究思维就窄小；没有研究思维，研究行为就搁浅，就不知道该"破"什么、该"立"什么，就无法领导学校进行真正意义上的教育教学改革。开展教育科研是教育内涵发展之所需，是学校持续发展之所需，是教师专业发展之所需，校长的教研领导是不可或缺的。

松山湖实验中学是一所新建的学校，其校训为"乐学求是，守正出新"。校长是其设计制定者，亦是执行的管理领导者。一校之长，即"守正出新"实践者的标杆。

---

① 任勇. 校长的领导力与思考力 [J]. 福建教育出版社，2016.

松山湖实验中学以学生的发展为本，通过构建良好的课程文化，达到学生素质全面发展的目标，把学生培养成德行修养笃实、知识技能扎实、身心发展健实以及具有国际视野、公民素养、创新能力和创业精神的适应现代社会发展的学生。因此，我花了很长的时间认真思考和研究学校课程方案，考虑到未来社会对创新人才的需要，并结合园区创新企业的众多特点，提出了构建创造教育课程体系的设想，把学校课程分为基础型、拓展型和研究型三大类。一方面，把对学生创新意识、创造能力和创业精神的培养贯穿到学校的每一门课程中。另一方面，尊重学生的学习基础和个性需求，为学生开创更广阔的学习空间，扩展学生发展的选择性，积极发展学生特长，开发学生潜能，培养学生的创造性人格。

（二）校长的文化自觉

如何建设学校文化？这是每一位校长必须思考和面对的。

文化是一个内涵相当丰富的多维概念。人们可以从不同角度、不同层面、不同维度、不同理论出发界定文化的内涵。同时随着人类自身对文化认识和应用的深入，新的文化内涵又会出现。

对于学校文化比较认同的界定是"学校文化是围绕教育教学管理而形成的观念的总和，包括学校的教育理念、办学宗旨、发展战略、发展目标、奋斗目标、师生素质、学校道德、行为规范、校风、礼仪庆典、学校形象等。优秀的校长十分重视培育学校文化。"[①]

学校文化是一所学校生生不息、薪火相传、走向成熟的最肥沃的土壤，是学校的灵魂。丰富和特色的学校文化是学校成熟、完善的重要标志，也是学校持续发展的需要，是形成学校特色的必要条件，更是提高学校发展力的基础。

学校文化是学校的生命所在。作为校长，要正确认识学校文化的有关问题。校长是学校文化建设的继承者、领导者、设计者、弘扬者和创新者。学校文化建设需要校长的引领，需要全体师生共同营造，并逐步形成全校师生的共

---

① 汤广生.构建先进的校园文化——创设充满激情爱意的和谐校园 [J].新课程杂志，2008（5）.

识，成为社会认同的品牌价值。

1. 正确认识学校文化的结构

根据学校教育工作的关系，可将学校文化分为组织文化、课程文化、教师文化、学生文化和环境文化。其中组织文化（也称制度文化）包括学校办学目标、办学理念、发展定位、实施策略、规章制度和传统特色等；课程文化包括国家课程和地方课程的实施、校本课程的开发和实施，以及由此引发的围绕课程改革的一系列活动；教师文化包括教师的教育观、教学观、学生观、课程观、质量观，教师的教学方法、教学质量、教学风格，教师的师德、师能、师智、师魂等；学生文化包括学生的学习目标、学习态度、学习方法、学习水平，学生的行为习惯、学习风格，学生的课余生活、社团活动、文体活动等；环境文化包括物质环境和精神环境，比如软硬件设备、学校布局、学校卫生、学校绿化、社区环境和家庭环境等。

2. 正确认识学校文化建设的原则

（1）方向性原则。学校文化建设要牢牢把握先进文化的前进方向，体现时代特征。面对世界范围多元文化的冲突，校长要大力弘扬中华民族文化，开展健康有益的文化活动，不断丰富学校全体成员的精神世界。

（2）整体性原则。学校文化建设是一个系统工程，涉及学校的方方面面。因此，要从总体上对学校文化建设进行规划，做到组织文化、课程文化、教师文化、学生文化、环境文化建设的多方结合，使各种文化协调一致。同时注意将学校文化建设与学校其他工作有机结合，保证学校文化建设协调发展，使其功能得到充分发挥。

（3）主体性原则。学校文化本质上是师生文化，学生和教师均是学校文化建设的主体，他们既是现代学校文化建设的设计者、组织者，又是现代学校文化建设的参与者和实践者。只有调动全体员工在学校文化建设上的积极性，学校文化建设才富有生命力。

（4）选择性原则。学校文化是一种开放文化，面对传统文化与现代文化、东方文化与西方文化、主流文化与非主流文化、本土文化与外来文化这样复杂的社会文化结构，学校文化建设必须进行必要的过滤和选择，吸取精华，将其内化为特定的学校文化内容，形成富有个性的文化系统，并不断调整、充实和发展，以适应社会文化的时代要求和学校文化主体的内在要求。

（5）地域性原则。学校文化建设必须充分注意学校所处地域的文化传统、生活习俗、风土人情、自然景观和人文景观，在建设学校文化时结合地方文化之精华，使学校文化具有一定的地域特色。

3. 正确认识学校发展中的文化建设

学校文化建设是学校发展中最为重要的内容，是学校一项长期、深层次、高品位的建设工作。要建设一流学校，就需要发展良好的学校文化，学校发展必然与学校文化建设紧密相连。文化建设是学校教育教学的载体，是有效地实施课程改革的基本保证，也是促进学校发展的突破口。学校文化建设的出发点是以育人为本，以培养具有中华民族灵魂和世界眼光的现代人为总目标。

学校一直重视培育民主文化，引导师生树立主人翁意识。及时将学校重大信息通过网络平台公开，保证教职工的知情权；重大事项的决策须充分征求教职工意见，如绩效工资分配方案通过反复召开各层次的讨论会才形成定稿，学校五年规划的制定也通过调查问卷的方式多轮次征求意见，使决策的依据更加科学、民主。

4. 正确认识师生在文化建设中的作用

学校文化是学校师生创造的，一旦被创造出来就是一种能动的教育力量，又会反过来影响这所学校的师生。

文化是一种精神期待。学校文化是一种持续的教育力量。教师和学生既是学校文化的参与创造者、营造者，又是学校文化的传承者、弘扬者、更新者和发展者。

教师和学生在学校文化建设中的作用可以通过几个"意识"来体现。

（1）责任意识。作为学校文化群体中的一员，不管是教师、行政人员还是学生，都有建设、维系学校文化的责任。

（2）传承意识。一所学校的文化需要一代代师生的传承，全体成员以自己的言行、价值观、信念、气质和精神延续着这种文化。

（3）吸纳意识。作为学校的成员，师生、行政人员还应该注意借鉴其他学校的文化，借鉴其他优秀文化，同时注意与本校文化有机融合。

（4）创新意识。学校文化的发展需要在继承中发展，在发展中创新，在创新中提升，唯有建立以学校内涵发展为基础的同时又注重创新的学校文化，才能保持学校文化的生命活力。

5. 正确认识校长在学校文化建设的角色

作为校长，要自觉肩负起学校文化建设的使命。正如袁振国先生所言，"一位学校领导怎样营造自己的学校文化，正是具有教育家风范的学校领导必须思考的问题。"

校长是学校文化建设的继承者、领导者、设计者、弘扬者和创新者。校长要继承发扬学校文化，而不能完全推翻学校原有的文化。校长对于学校的文化建设是可以有所作为的。因此，校长就要肩负起学校文化建设的领导重任，引领学校文化建设的健康发展，校长还应根据时代的发展，在学校原有文化的基础上，设计（整合、融合，诊断、改造）使学校文化在学校生根、变成现实的方法。这就需要校长带头弘扬，使之逐步成为教职员工的一种精神状态和一种行为自觉，校长还应注意学校文化的适度创新。之所以要适度创新，是因为学校文化的发展，一般说来是循序渐进、潜移默化的。新的学校文化只有成为多数员工的一种精神状态和行为方式时，才能成为实实在在的学校文化。

6. 正确认识学校文化建设的基本路线

一般而言，学校文化建设应遵循以下几个步骤：一是以人为本，从教育文化学角度看，以人为本是现代学校文化建设的基本价值取向；二是自主发展，营造促进学生自主发展、教师自主发展、学校自主发展的文化氛围；三是价值判断，包括对学校目标价值取向的判断、文化内容及文化性质和文化实施的判断；四是转化生成，包括对社会文化的转换、对优秀传统文化的传承、对多元文化的融合，也包括对学校文化的创新、对学校特色文化的营造和创新；五是巩固提升，巩固已经形成的学校文化，保护学校文化，并不断提升学校文化的品位。

许多学校的文化是"自然混合型"的，现代学校文化建设要走"自主发展型"之路。"自主发展型"学校文化的建设，是校长的文化使命，也是学校的历史使命。

　　学校文化是学校在长期的办学实践中，经过自身努力、外部影响、历史积淀而逐步形成的，体现为学校的理念、制度、管理、行为、校风等。松山湖实验中学的建校时间短，学校核心文化形成尚需时日。学校教职工素质较高，但来自各方，学校每年要面临师资力量的引进和培训等难题。新毕业的教师数量较多，虽然经过岗前培训和文化熏陶，但短时间内思想难以高度统一，文化和行为方式上难以完全融入集体。教师成长阶梯还未完全形成，科组文化建设和校园文化培育的力度还远远不够，学校提倡的"文化意识"内化为教职工的"文化观念"还需要一个长期、反复的积累和培育过程。

　　总之，校长是学校的灵魂。一所学校所表现出的文化，无不凝聚着校长在执行学校文化中"魂"的作用。这种影响不仅取决于物质上是否充裕，更取决于精神上是否充实。

 附：

守一身正气　创无限可能

——在2019—2020学年第一学期开学典礼上的讲话

亲爱的老师、同学们：

　　大家早上好！

　　池莲含笑，丹桂飘香，初秋时节的松湖实中依旧洋溢着勃勃生机。今天，我们在这里集会，举行隆重的开学典礼，以饱满的热情迈进新学期、踏上新征程。新学期，与我们携手奋斗、共度学习时光的，还有刚刚加入"大家庭"的33名新教师和749名小主人。欢迎你们！

　　在刚刚过去的这个学期，我们学校再次取得了令人骄傲的成绩：学校荣获广东省五一劳动奖、广东省中小学研学旅行教改实验联盟单位、广东省青少年科技教育优秀组织单位、东莞市首批品牌学校培养对象等市级以及市级以上荣誉，2019年中考"两率一分"位居全市公办同类学校前列，这让我校在学生家长、社会各界都赢得了良好的口碑。中国教育科学院专家团以及教育名家顾明远先生视察学校后给予高度评价。这一份沉甸甸的成绩单，凝聚着每一位松湖实中人的汗水和智慧。在此，我提议：为我们努力奋斗取得的成绩鼓掌！

今天是开学第一天，我想以"守一生正气，创无限可能"为题，与大家谈谈心，彼此共勉。

我们的校训是"乐学求是，守正出新"。简单地说，所谓"守正"，就是"笃守正道"。

有这么一位老人，为了保守国家机密而隐姓埋名30年，最终实现伟大创造。他就是中国第一代攻击型核潜艇和战略导弹核潜艇总设计师——黄旭华。前几日，他被提名为"共和国勋章"授予人选。

这是一段怎样的往事呢？黄旭华目睹敌军飞机狂轰滥炸下满目疮痍的乡土，心底呐喊：要学造飞机、造船。他在军车炸药箱上坐了整整7天到重庆求学，一年后，收到两份大学录取通知书：中央大学航空系和交通大学船舶系。

后来，他加入核潜艇研究事业，带领着团队，从无到有，破解一道道难题，建造出中国第一代攻击型核潜艇！这种创造是冒着生命危险进行的。举个例子，他为了试验设备、收集数据，不顾众人反对，亲自下水参与核潜艇第一次深潜实验，成了世界上核潜艇总设计师亲自下水深潜实验第一人。

同学们，黄旭华的一生完美诠释了"守正出新"。他的伟大创造，根植于对国家的深沉热爱，根植于对中华民族最深层精神追求的深刻理解与认同。从这个层面看，守正，就是涵养家国情怀，坚守正确的核心价值，始终坚持将个人的人生价值与国家的需要、时代的使命紧密地联系在一起。这是我分享的第一句话。

老师们，同学们，现在进入信息化时代。高度信息化的今天，地球就像一个"村子"。当我们与世界其他文化交流碰撞的时候，需要学会独立思考，不盲从，不随波逐流。在一个人的成长过程中，速度不是最重要的，正确的方向才是最重要的。

同学们，如何能够在追求人生价值道路上始终把握住正确的方向？历史能够给你启迪。历史是什么？我们就在历史中。昨天是今天的历史，今天是明天的历史。今天发生的事情，莫不与昨天有着千丝万缕的联系。比如，放眼历史坐标，2019年是浩瀚历史长河中重要的节点，是新中国成立70周年，是五四运动100周年，是澳门回归20周年。百年来，一代代中国青年以奋斗不息的姿态为人生交上了完美的答卷。一桩桩、一件件，真实存在于过去的时空。而今天的我们，也必然成为未来的历史。关键在于，要为历史留下一个什么样的自己。

从这个角度看，守正，就是厚植文化自信，涵养独立人格。始终将个人的精神世界浸润在民族的历史文化之中，不断汲取前行的力量。这是我分享的第二句话。

守正，还体现在我们的日常工作和生活中。

比如，校园里的果树成熟了，没有人去擅自采摘；操场上捡到一块手表，没有人据为己有，而是主动寻找失主；食堂人多，没有人趁机插队，而是排队等候，这就是恪守道德之正。

比如，到了初二，同学们参与研究性学习时撰写小课题，哪些是自己的成果，哪些是引用别人的论著观点，都要写明出处，尊重知识产权。以公正、诚信的精神来探究学习，就是恪守学问之正。

再如，投票评选优秀班干部时，不要因为不喜欢某个同学就忽视他在班集体工作的贡献，而是客观公正地给予评价，就是恪守行事之正。

所以，守正就是坚守正义良知，始终将个人的言行投入道德、法规的约束中，锤炼"勿以善小而不为，勿以恶小而为之"的品性。这是我分享的第三句话。

同学们，世界上任何一种成功都需要高度的专注和百折不挠的毅力，甚至需要漫长岁月的洗礼。我期待，每一位松实学子都能把求学、求知的科学精神与笃守正确的人生价值融为一体，上好每一节课，做好每一个实验，高质量地完成每一个创作，以真实的学习状态为自己的未来奠基！

新学期已经开始，让我们守正出新，蓄势待发！衷心祝愿老师们工作顺利、家庭幸福！祝愿同学们身体健康、学习进步！

让每位师生成为自己的CEO

——在全体教职工大会上的即兴发言

尊敬的各位教职员工：

大家好！

过去的一学年里，在全校教职员工的共同努力下，学校取得了更大的成绩，亮点纷呈，捷报频传。我为大家感到骄傲，也为我们松实团队感到自豪。今天借此机会，我与大家聊聊天。

首先，我要说的是感谢。我要感谢一路同行的创业伙伴们。我常常可以看到老师们忙碌的身影，那是在耐心辅导、在促膝谈话、在组织活动、在联系家长、在准备比赛、在探索信息化……每天早上，很多班主任一大早就到教室了；每个晚上十点半，年级办公室还亮着灯，那是老师们在加班，周末也不例外；还有多少老师深夜依然坐在桌前查找资料、精心备课呢？

看看我们优秀的老教师：姚杨海、丁蕾、王建新、潘艳荔等等。好表率：敬业；好心态：乐群。一批优秀的老教师是宝，他们示范引领，这就是学校的好文化。

再看看青年教师。在我们举办青年教师智慧课堂展示活动期间，每天晚上都有老师准备课程到十一点。有一个老师因为没控制好时间落泪了，这是上进的表现，很想做好才如此深情。优秀教师怎么诞生？不是靠培训，是靠进取心！有了进取心就会思考有没有更好的办法，就会不断学习和创新，靠课堂赢得学生喜爱与尊重。我们这一批青年才俊在快速成长，这让我很欣慰。

我还要感谢我们学校的行政和中层（科级组长）。学校好不好、办学思想能不能贯彻下去，行政和中层很重要。决策靠行政集体智慧，也要靠行政和中层对办学思想的领会和执行。他们都很优秀，这里要特别表扬几位女将：潘主任、李清副主任、刘利玲副主席，其他不再一一列举。

第二个是感动。感动的是三年来我们坚守了理念、坚守了使命。曾经有人开导我们：活动与应试没联系，不要那么多，或者走走过场就行。但我们的理解却是：这些活动是学生生命成长过程不可缺失的组成，哪有不讲诚信虚假应对的理由？我们组织了几大节的精彩活动课，扎实开展综合实践活动，创新开展研学旅行课程，当看到学生在活动中展现的那种愉悦和激情，我们也感到了花季年华应有的欢乐和幸福，看到了学生的学习与成长。我们的使命是做改革的先行者。我们看到了很多精彩的智慧课堂，大数据精准教学很有价值。智慧德育方面，班主任的德育微课也是从情境入手，展现很多创新手段，我们不少老师成为教育信息化的名师（凌波、陈晶、桂红、真莹等）。别人不知道校长是谁没关系，但知道我们学校有潘老师、姚老师等一批明星教师，这就是我们的骄傲。对智慧教育的持续探索也是学校高位发展的不竭动力！现在，创造教育与教育信息化就是学校的名片。探索之路虽然很长，从学生成长的身影里、从家长感激的话语中，我们感受到自己付出得有意义。

第三个是信任。我经常给周围的人讲：我们学校每个人都很优秀！这不是虚夸，是发自内心的信任和肯定。作为以创新见长的一所学校，我们允许犯错，走一些弯路，这很正常。像智慧课堂、下午走班、研学旅行，像创业课程，我们坚持了下来，不一定完美，但对学生而言是一种成长，对老师来讲也是提升，这就是有价值。在很多方面我是一个外行，但我尊重专业、愿意学习。我希望，我们学校每一位师生成为自己的CEO！我们每个人都在共同愿景引导下主动学习、主动创造，让校园处处充满师生的创意，这就是我所期待的。一所好学校一定要有正气、正能量，一所好学校的每一位教职员工都有自己做人做事的底线，要阳光，更要大气。我希望各位通过民主协商、积极沟通来解决问题，希望每个老师做自己的CEO，我为大家服务。前不久评出了一大批园区名师教学能手，上面对这些省、市、区的名师要大张旗鼓地宣传，实中老师的优秀一定要让全社会知道！我们这一批志愿者也很优秀，虽然很多时候默默无闻，但付出同样很多。

第四个是走向成熟。前些天我去了低涌中学，低涌中学的行政岗位竞聘完全改变了我的看法，那些老师的素质真不错，演讲、答辩水平都很高，但是他们很难被外界认可。为什么？学校不知名。我创办八中的时候也遇到类似情况。老师们，平台很重要！今天的高平台来之不易，有我们顶层的设计，有政策的争取，有师生的奋斗，有家长的支持。因此，我们要有建设一所属于自己的、有品位学校的追求。品位在哪里？在于高平台，在于细节。我们的平台就是教育信息化，借助信息化作改革的先行者，这就是历史赋予的使命。一块石头在马路边没有价值，放到博物馆，灯光一打就可能价值连城。平台变了，细节也受到重视了。仔细思量，我们在很多方面不成熟、不规范，比如晚修管理、俱乐部活动等。我们的岗位职责要明确，大家按规则做好自己。走向成熟就是从规范开始、从细节开始，追求品位。

借此机会，我还想对老师们说，实中人，要做三好老师，要有好身体、好生活、好工作。

最后，感谢各位伙伴们的共同努力。我一定会竭尽所能、开拓创新，与大家一起办好我们的学校。愿松山湖实验中学明天更美好！

谢谢大家！

第二节　创造教育中文化品牌的建设

一、校园环境文化的设计

逐步规划完善学校创造教育特色标识系统，包括校园雕塑、校园景观命名等，改造学习空间，更加凸显创造教育特色。

校园物质建设中的一楼一宇、一砖一瓦、一草一木，都是校园环境文化内容。校园的环境建设不仅仅是硬件质量高，不仅仅在于校园的各种布置装饰点缀，更在于校园景物的人情味和文化亲和力。学校积极构建具有实中特色的创新文化，推动创新实验室和景观建设，为学生的学习和实践活动创造了条件。为了使学校的一草一木、楼堂廊馆凸显创造教育特色，浸润生命的灵动，学校对教学楼的架空层、走廊过道等场地进行了局部景观改造，环境优化。在首届学子毕业之际，学校还启动了"松湖实中十大校园美景"评选活动，全体师生、家长通过网络、微信投票选出了尔雅书吧、学校俯瞰全景、图书馆、正门、水景、天文台等十大校园美景。其他学校景点如图1～6所示。

图1　"知新楼""立新楼""绘新楼"，每一栋楼都见证了学生的成长

图2　错落有致的假山、潺潺的流水、水面上亭亭玉立的荷花、水中欢畅游动的金鱼，成为校园里一道亮丽的风景线

图3　丰富多彩的社团活动，为学生的校园生活增添更多的乐趣，让大家在实践中提高综合素养

图4　"悦读吧"——我们开心地阅读吧！读书好、读好书、好读书，让学生在书海中欢乐地遨游

图5　在航模工作室里，学生争当小创客，用自己和团
队的智慧创造出形态各异、功能丰富的航模

图6　每个学生都是潜在的创造小天才。小天才工作室
让每个学生都有机会参与到创造过程中，体验创客的
快乐，充分发掘自己的创造才能

二、校园精神文化的提练

学校在建立之初就提出了创造教育的办学追求，并提出办学愿景、办学目标、育人目标、校训、校风，这些围绕创造教育的办学理念和价值目标逐渐成为校园精神文化的重要组成部分。

在学校文化建设过程中，积极发挥党组织的引领作用，推进党建工作与学校文化深度融合、共同发展。学校党总支部设立了党员先锋模范岗，发挥党员教师在探索创造教育过程中的示范带头作用，组织教师学习党关于教育的政策方针和讲话精神，联系实际情况，在教育教学工作中不断探索、不断创造。

图7 学校校训

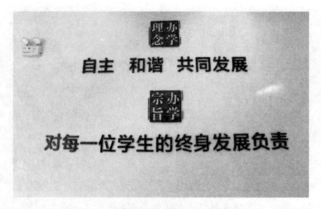

图8 学校办学理念和办学宗旨

图9 学校办学愿景

2016年10月，《松山湖实验中学校歌》问世。《松山湖实验中学校歌》的歌词由校长和词作家解明月合作而成，谱曲由著名青年作曲家舒一夫和陈修重老师共同完成。歌词富有特色，旋律明快优美。这首歌从师生传唱到MV拍摄剪辑，历时数月，凝聚了全体师生的心血。作为一所学校文化的重要表现形式，校歌沉淀了一段光阴岁月的故事，承载了松山湖实验中学人对未来的梦想与展望，将载入学校发展的史册。

此外，各种主题讲座、文体活动、社会实践等校园文化活动是校园文化的载体。为此，学校定期举办各类专家讲座和各种文化科技艺术活动，丰富师生的精神生活，陶冶人文精神和理想情操；把学校、年级、班级学生文化活动系列化、优质化，为学生提供人文素养养成的机会；充分发掘社会实践、勤工助学活动及学生自发的课余闲暇活动的文化功能，促进学生个性特长的发展；建成高水平的校管乐队和运动队，形成教育特色等。

三、校园文化的特色宣传

学校成立文化发展中心，选派优秀的师生充实全媒体新闻中心队伍，进一步升级学校电视台、广播台、官方网站、官方微信公众号、校报、校刊，打造立体化全媒体覆盖的文化宣传网络。

学校宣传片发布。随着学校对外影响力的扩大和接待任务的增加，更新学校宣传片迫在眉睫。学校邀请专业影视拍摄团队拍摄宣传片，经历文案撰写、脚本制作、场景选取、角色试镜与培训、拍摄方案确定、拍摄资源调度、后期修改等环节，学校最新的形象宣传片圆满完工并顺利放映。由于拍摄和制作时间紧，很多师生牺牲休息时间参与拍摄，却毫无怨言，各部门也积极协调人力物力，高质量地完成了视频拍摄。这部宣传片通过对学校的校园文化、课程设置、智慧课堂、智慧德育等多方面办学特色的宣传展示，增强了在校师生对学校的认同感和自豪感，提升了学校的社会形象和美誉度。

广泛的网络媒体宣传。学校微信公众号和学校网站的影响力进一步扩大，发布的微信图文中，50%文章的阅读量远超1000人次。学生记者团运营的微信公众号"爱求是的我们"也稳步发展，各科组、各年级、各班级也开通了微信公众号，及时记录和传播本科组、本年级、本班级的教育教学动态，《松湖实中报》每学期都编印出刊，赢得广泛好评。

附：

松山湖实验中学学校文化解读

一、办学愿景：办一所具有创新活力的幸福学校

我们努力，让学校每一个地方都能充满民主的气息与教育的智慧；我们努力，让学生的每一个时刻都能享受学习的乐趣与创造的成果；我们努力，让教师的每一天工作都能体会专业的尊严与职业的幸福。

二、办学宗旨：对每一位学生的终身发展负责

"对每一位学生的终身发展负责"的办学宗旨包含两方面的价值取向。一是将学校教育的关怀指向在校学习和生活的每一个学生，使他们都能获得适合自身发展的教育；二是将创造教育的视线贯穿学生生命发展的全程，为学生一生的可持续发展奠定思想基础、情感基础、知识基础、能力基础。

三、办学目标：以创造教育为品牌

以创造教育为品牌，建立"自主、和谐、共同发展"的核心文化体系，坚持创新实践，努力把学校办成教学质量稳步提升、创造教育特征鲜明、有持续发展的内在动力、能与世界先进教育对话的一流学校。

自主：倡导自主的创造教育精神，展示生命的主体性。这里包含两个方面：一方面是指教师自觉追求创造教育理想，主动探索教育规律，自我规范教育行为，树立独立思考、充满智慧、自我负责、勇于进取的意识；另一方面指学生自主发展，主动探求知识，自律培养品格，独立安排生活，培养自己自尊、独立、创新、自强的人格特征。

和谐：营造和谐的教育生态。这里包含两个方面的意义：一是指学生和谐发展，即学校通过具有整体性、均衡性的创造教育课程结构，使学生在身体、智慧、情感、意志、态度、价值观和社会适应能力等方面呈现一种不断创新的协调发展，实现生命整体的和谐性。二是指学校和谐的人文环境，其文化特质是指学校全体成员共同信奉的核心价值观念和教育理念，能包容个性、感受心灵自由、促进思维活跃的生活空间，帮助每一个成员获得成功、实现自身价值的发展平台，相互之间交流、沟通、理解、接纳的人际关系，宽松、民主、友

善、积极的学习和工作氛围。

共同发展：追求共同发展的教育目标，包含以下三方面的意义：一是学生的个性化发展，即每一个学生都得到最适合他自身生命历程的创造性发展；二是师生的同步发展，即师生在生命互动的创造教育过程中都获得发展；三是学校与师生的协同发展，即学校与其成员在相互依赖、相互影响、相互促进关系下的联动性发展。

四、校训：乐学求是，守正出新

"乐学"出自《论语·雍也》："知之使者不如好之者，好之者不如乐之者。"快乐是学生生活的第一要义，教育则是使人更深刻、更和谐地发展。因此，学校坚持以人为本的理念，培养学生乐于表达、乐于探求、乐于学习的品质和精神。

"求是"出自《汉书·河间献王刘德传》："修学好古，实事求是。"在学生乐学的基础上着重培养学生对事物规律的探求精神，所以要"求是"，既求生活之"是"，也求知识之"是"。

"守正"语出《史记·礼书》："循法守正者见侮于世，奢溢僭差者谓之显荣。"守正意为"笃守正道"，既要弘扬中华优秀的传统文化，也要继承完整地人类所创造和积累的文明成果，这是教育的使命和职责。主旨有四：守道德之正、守学问之正、守处世之正、守行事之正。

"出新"的要旨是创新，提倡学生在学习之中探索新知，敢于质疑，不断完善，逐步建立超越前人的知识体系和技能体系，在继承中追求创新，在平实中体现新奇。学校地处国家级高新科技开发区，鲜明的特色就是培养学生具有创新思维、创新意识、创造能力，形成创造性人格，所以要"出新"。

一个美丽的地方

初一（3）班　匡韧舟

那是一个美丽的地方：

初升的朝阳，缤纷的花丛，和那陆续走进教室的身影

属于清晨的画卷

整齐的课桌，干净的走廊，和那讲台上挺拔站立的身躯
属于正午的书签

闪烁的北斗，明亮的灯光，和那椅子上认真努力的面孔
属于夜晚的诗篇

那是一个美丽的地方：
鸟儿清脆的鸣叫，轻风和煦地招手，和教室琅琅的读书声
是清晨的喧闹

老师亲切的问候，学生踊跃地发言，和课间欢快的笑声
是正午的欢欣

枯叶飞落的叹息，假山咕噜的流水，和坚定梦想的心声
是夜晚的宁静

我嗅到了青春的气息
悄悄告诉你，这个美丽的地方，叫松湖实中

学生的"表白墙"

水池的小瀑布哗啦啦地唱着歌，同学们则在瀑布的歌唱下拍着照。同学们拍照的姿势可谓千姿百态：站着、蹲着、侧着，神态认真；正拍、仰拍、俯拍，角度不一。相机快门优先调到了1/15，拍出来的照片倒是不错的，瀑布为主体，不是飞珠溅玉，而是如绸似缎，好一幅奇异的瀑布图！

——701　丁晓均

黄昏君临天空时，红灿灿的云彩在天际铺排着，我手拿一杯冰牛奶，在操场

上慢悠悠地散步，与同学笑谈今日发生的趣事，欣赏着迷人的黄昏，好生惬意！

——701 曾熙

清晨的阳光穿过树梢，风不自觉地呼出一口气，吹掉的一片叶子，落在了站在树下的我的头上。我将叶儿拿下，向远处望去，同学们身穿蓝白相间的校服，奔跑在跑道上，谈话声、欢笑声、嬉闹声充斥着整个校园。

——701 尹思彤

炽热的太阳毫不留情地造访大地，窗外又是一场场激烈的篮球赛，同学们在运动场上挥汗如雨。好一个上篮！"球进啦！"不时传来啦啦队惊喜的尖叫声。夕阳下，那一个个奔跑的背影，都将是我们最美好的回忆。

——701 汪金在希

每当落日时，我们的足球场上空都是色彩斑斓的。坐在升旗台，便能看到绿茵茵的草坪衬托着五彩的天空，多么美好的一幅景象啊！今天是松湖实中的四周岁生日，愿松湖实中年年岁岁都如这幅景象一般美好！

——704 王一诺

走进松湖实中，映入眼帘的是高大的教学楼、整洁的教室和认真学习的同学们。老师"乐学求是，守正出新"的谆谆教导总在我耳边回响。在这里，我收获了知识，更获得了师生情、同学情……在这里，我祝愿亲爱的松湖实中生日快乐！

——704 吴悦

校园之美，体现在那清新的空气、潺潺流水中；校园之美，还藏在同学们那朗朗的读书声、互相鼓励的呐喊声中。

——707 李敏庄

这里一草一木，都十分亲切。每天，我们学习的教室都洋溢着属于我们的味道。每日清晨，朗朗的读书声透过窗户，激励着我。

——707 敖沁心

您那巍然屹立的大门、风雨兼程的跑道、书声琅琅的教室、曼妙舞姿的舞蹈室……都是我梦想启航的地方！

——707 麦亦君

通往饭堂的走廊，挂着许多名人名言，每当我有困难、心事的时候，我都会去那里走走，看看名人名言。校园的这条长廊像我的朋友，可以分担我的忧愁，陪伴着我。

——708 袁智谦

松湖实中的美，美在老师的无私、清洁阿姨的勤劳和学生的认真。校园之美，美在每个人的精神气韵。

——708 周子越

啊！实中，你是多么美丽！我愿做一只飞翔的云雀，在你安详的一隅入睡。

——709 尹子康

若松湖实中是一个美丽的女子，那校园里的水定是她柔美的眸，那碧绿的叶定她美丽的发，那善良的学子定是她纯洁的心灵。松湖实中，生日快乐。

——709 苏以墨

在这秋风习习、丁桂飘香的季节漫步校园，那幽幽的花香让人沉醉，那阴凉的树荫给人清爽。我明白，那是你对我们的馈赠。松湖实中，生日快乐。

——709 方怡婷

校园里，花草芳香，环境优美，让人沉醉；校园里，书声琅琅，清风徐来，给人愉悦。松湖实中，祝你越来越美、越来越好。

——710　卢一诺

　　操场上，同学们挥洒汗水；教室里，同学们专心致志；办公室里，老师们认真专注……你用最专注的面庞，塑造最美的风景。祝松湖实中越来越美、越来越好。

——710　易言馨

　　松实的傍晚，夕阳照着草地，操场上满是褪去疲惫的漫步人群，好似一幅风景画。

——711　李家慧

第三节　创造教育中教学文化的构建

课堂是点燃每一个学生思想智慧的火把，是情感态度与价值观激情迸发的舞台，更是展现师生对话、交流与创造的平台。

课堂随时都有意外的通道和美丽的图景，课堂最显眼的标志是平等、民主、安全、愉悦。焕发出生命活力的课堂才是理想的课堂，这样的课堂为学生发现问题、提出问题创设了条件。

学习不仅仅是记住知识、答对问题、做完作业，还要在提问中明晰问题、发现问题，激发解决问题的热情。学习上的进步，就是一种有效的提高。不要自恃才高而不屑于问，对自己不会、不懂的知识，通过别人的帮助得以解决，这也是学习。

"教学"，顾名思义应是通过教师的"教"引导学生的"学"，其落脚点在"学"，教师"教"的价值通过学生的"学"才能得到真正体现。无论教师教得如何，如若不能引发学生真正的学习活动以及相应学习能力的提升，那么所谓的教学活动都失去了存在的意义，唯有真正引发学生内部发生的学习活动才是真正意义上的学习。因此，"让学习真正发生"理应成为创造教育理念下课堂教学的应然与必然。

"让学习真正发生"主题的提出意味着对传统课堂的质疑、追问与挑战，质疑的是传统课堂教学中存在的学习成效不显的问题，追问的是"学习真正发生"的意蕴究竟是什么，挑战的是如何能够"让学习真正发生"的实践操作落地。

一、叩问课堂，学习是否真正发生

问题一：以讲代教，教师讲解作为学生学习的唯一途径

纵观国内课堂，真正触及学生学习机制的课堂并没有发生典型性的变革，学生仍然被教、被动学习着，课堂仍然以教师讲为主。教师容易讲得太多，但绝大部分教师并没有认识到自己讲得太多。在很多人的认识中，学生是听会的、练会的。我们不能否定有些学生是通过听讲和练习实现学习的，但我们是否看到还有大量的学生在教师口干舌燥的讲解过程中掉队？在漫无目的的"题海"中"迷路"？他们可能需要先阅读、先尝试、先琢磨、先讨论，再等待教师帮助他们释疑解难。而教师们习惯于将"讲过"视为"学过"，把课堂目标定位在能否顺利完成教案，而不是学生的真实达成。学生是被教会的还是自己学会？哪一种"会"更有价值？学生课堂学习如图1所示。

图1　学生课堂学习

问题二：传统课堂没有基于学情设计教学，缺乏针对学生疑难解决问题的教学方法

传统的课堂教学暴露学生学习中碰到的真问题不够，解决的问题更少。教师仅仅告诉学生什么是正确的，没有关注学生是怎么思考的。在细细推究"重教轻学"的背后，是对学生研究不够，学生的学习特点、学习活动的机制规律等没有引起教师的足够关注，没有成为教师教学设计与实施的依据。

"把学生放在自己心上。"教师最重要的本领应是"对学生的学习情况了如指掌并有针对性地指导"。当学生失去了自主学习、反思、分享与表达的权利时，学生不是游离就是置身在课堂之外，沦为课堂中的"隐形人"。当我们听到的只有教师的声音，没有学生的声音；当我们看到的是教师的思维过程，而看不到学生的思维火花，我们是否想过，学生的学习经历在哪里？学生的学习体验在哪里？学生的学习成长又在哪里？

问题三：教师没有正视学生之间的差异，以"少数替代多数"

课堂教学中常常见到这种现象：教师刚提出一个问题，马上就有"尖子生"说出答案，这无形中剥夺了多数学生的思考权；有的教师在讲课过程中，见到有一部分学生能够给出正确答案，就很放心地进行下一个教学程序。其实，能够正确作答的学生只是少数，这也是"少数替代多数"最常见的表现形式。而教师在讲课时只要能听到"课堂回声"——学生配合教师回答问题的声音，就会心满意足地继续讲下去。

如此，我们忽视了一个关键问题——学生的个体差异。学生的个体差异是客观存在的，每个学生身上都拥有不同的学习力量，每个学生的学习都是一种个性化的历程。有的学生是听会的，有的学生要靠阅读才能学会，有的学生需要通过讨论深化学习，有的学生擅长在实践中获得知识……从学生个体看，学生的学习方式应该是多样化的、具体的，教师要根据学生的差异化学习提供有针对性的教学策略。教学中若忽视"个体差异"，教学就成了"掩耳盗铃""装聋作哑"。没有问题的教学是虚假的教学，也是没有意义的教学。在这种"只见一人，不见全班"的教学中，学生的学习充分吗？

问题四：课堂教学中教学行为盲目，不明白教学行为的价值取向

教学行为是教师为实现一定教学目标所采用的一系列问题解决行为，是教师整体素质的外化形式，具有丰富的内涵与价值。教师教学行为的现实表征及其有效水平，直接表明了教师教学过程的有效性和教学质量的高低，直接标示着其教学水平与教学实践智慧，影响着学生的学习行为与学习效果。

许多教师不明白自己每个教学行为的价值取向究竟是什么、提问的意义何在、讨论的意义何在，比如课堂上为什么要点名请学生回答问题？为什么邀请学生上台板演？为什么要开展讨论？哪些问题值得讨论？为什么要应用信息技术手段？怎么应用好信息技术手段？如果教师明白此类教学行为的价值取向，就不会盲目地教学。然而，深入的课堂观察发现，教师频繁使用的、被教师认

为有效的教学行为，并未取得良好的教学效果。究其原因，是因为教师不理解
这些"有效教学行为"在具体教学情境中的价值，没有把握住教学行为的价值
内涵及实现条件，只注重教学行为的形式，教学效果就难以实现。

二、追问课堂，学习怎样真正发生

著名儿童心理学家皮亚杰认为，学习是学生自主建构知识的过程，学习的
意义是学习者通过新旧知识经验间反复的、双向的相互作用建构而成的。学习
本质应是一种思维活动，学生自主或在同伴尤其教师的帮助下，联系已有知识
和经验，通过一定的活动，对能激发思考的问题（链）通过思考有所发现并能
表达、应用和反思，从而逐步达成学习目标并能持久保持。

（一）真实的学习背景是"让学习真正发生"的基础

学习活动总是基于一定的学习背景进行的，只有准确把握住了学生的学习
背景，才能建立"教材要求"与"学生发展"之间的有效连接，才能奠定"让
学习真正发生"的基础。

1. 基于真实的学科背景，准确定位教学目标

学习总是基于"学科整体结构"背景下对某个知识点的研究，知识点之
间存在着不可分割的逻辑关联，学习活动需要在真实的教学背景下进行整体设
计。教学目标是整体教学设计的起点与归宿，准确定位教学目标，是让学习真
正发生的前提。

2. 基于真实的学情背景，实现以学定教

教要依据学，研究学生是教学设计的起点。基于学生的教学设计要基于学
生的经验——学生已经知道了什么，要基于学生的思维——学生会如何思考，
要基于学生的困难——学生会出什么错，还要基于学生的需要——学生为什么
要学。既要掌握班级学生们的整体水平，也要关注个体差异，为有需要的学生
准备个性化学习材料（如纠正性练习或拓展性练习等）。

3. 基于真实的生活背景，合理选择学习材料

学生的学习活动总是基于学生所处生活环境、社会背景的基础上进行的，
依据学情选择合适、真实的学习情境与材料，对于学习的真实发生和发展有着
重要意义。教师要通过创设具体的学习情境，让学生通过阅读、讨论、操作完

成真实情境中的任务。

（二）真挚的活动参与是"让学习真正发生"的关键

单纯的传授与讲解只是"教"，而不能让"学"真正发生。学习是师生之间交往互动的过程，以"学"为根、以"生"为本的活动参与是"让学习真正发生"的关键。

1. 在亲身体验中感悟学习

亲身体验是教学有效性的根本保证，有效教学并不是教师讲得清，而是学生学得明。要保证学生合适的学习时间和有效的学习机会——给学生提供心理冲突的机会、建立意义的机会、自主操练的机会，少教多学，以学为主，突出本质，抓住重点，抓核心概念、原理，精简非本质的内容，让学生在体验中发生、发现，才能让学生更好地理解与掌握所要学习的知识。

2. 在互动与对话中促进学习

在课堂活动中要给学生留下思考的时间，认真倾听学生的想法并捕捉其价值，对学生出现的困难提供有效的帮助，读懂学生的理解水平并相应地调整教学。在制定教学策略时准备前端设计，从而让教学更加精准地针对学生的差异。可以根据学生不同的情况，提供各样的学习机会，有效将学生差异转变为课堂教学资源；可以针对不同学生差异化的薄弱环节，设计不同的教学方法；也可以根据学生的不同兴趣，设立不同程度的学习目标、过程和评价方式，允许学生自主选择。在互动和对话中促进生生交流，保证互动的广度和深度，有意识地培养学生耐心倾听、乐于表达、善于反思的技能和习惯。

3. 倡导以学生为主体的"多样化"学习方式

以学会学习为核心，积极倡导研究型、体验型、实践型的学习方式，让知识的自然生长引领学习力的生长。其实，学习方式并无"好坏"之分，没有一种学习方式能够适合一切课堂教学。要把传统教学中"听课加做题"的单一化学习转变为以学生为主体的多样化学习——听讲做题是学习，自主探究也是学习；展示、交流、对话是学习，课外实践也是学习。

转变学习方式的深刻意义和价值决不在方式本身，而在于方式转变的背后或深处的意义和价值，其核心是"以人为本"的理念，即以学生为主体，以学会学习为核心。需要指出的是，"以学生为主体"不是让学生无目标、无原则地做"主体"。教师的教和学生的学应该在教学的活动中实现统一,实现"有指导的再创造"。教师的责任就是创设适合学生学习活动具体的现实情境,并有效指导他们参与到学习的各个环节中去。

(三)思维提升是"让学习真正发生"的根本

学习,本质上是思维活动。因为教育的重要目的是培养学生的思维能力,科学的教学理论都将促进学生积极思考、发展思维能力作为课堂教学的核心。真正的思维提升是"让学习真正发生"的根本。只有问题能激发思考并且思考和反思弥散在整个学习过程,才可向更高水平的学习迈进。否则,不经思考的任何正确表达,均属于低水平学习甚至是没有学习。

1. 引发认知冲突,重视问题导学

教师要根据课堂教学目标,抓住教学重点,联系学生已有的知识和经验,设计一些能够使学生产生认知冲突的"两难"情境或者看似与现实生活和已有经验相矛盾的情境,以此激发学生的参与欲望,启发学生积极思维。同时要根据设置的学习情境,贴近学生认知水平地去设计科学、合理、有价值的具体问题,在解决问题中生成问题,在生成问题中解决问题。通过体验、建构及内化等过程逐步形成相对稳定的思维方法和价值观,从而达到以解决问题为导向、以思维养成为目标的教学改革。

2. 突出知识的形成过程

建构主义学习理论认为,学生的学习是一个积极主动的建构过程,教学过程就是学生在教师的指导下自己建构知识的过程。在课堂教学中,要求突出知识的形成过程,注重各种方法教育。突出知识的形成过程,首先要重视概念、规律、定律等的形成过程,如概念是如何反映客观事物的关键或本质属性的、应怎样从众多客观事物中找出其本质属性并形成一个恰当的概念等。其次,要让学生通过实验、观察、分析、综合、抽象、概括等思维方法,建构自己的知识。

3. 构建足够的思维空间

发展思维是教学的重要目标之一,课堂上的学习活动应该始终有学生的思维伴随,每一环节的学习过程都是一个思维的过程。只有经历这样的思维过程,学生才有可能得到发展。因此,课堂上要让学生进行独立思维,构建一个

足够的思维空间，多开展一些刺激学生积极思维的活动，为学生的思想表达搭建良好的平台，鼓励学生敢于质疑并发表自己的不同见解。

4. 在应用迁移中培养创造性思维

知识、技能的掌握并不意味着一个人智力或思维能力的高低，但知识、技能与智力思维是相辅相成，智力、思维的发展是在掌握和运用知识、技能的过程中完成的。学科思维是指在学科提出问题、解决问题的过程中所采用的各种方式、手段、途径等，课堂教学应将应用概念、规律、理论解决实际问题作为培养学生思维能力的突破口，抓住知识、方法间的渗透与迁移，引导学生发散式思考、立体思考，培养学生一题多变、一题多解、一题多问、多题归一的能力，培养学生灵活解决问题的独创性思维品质。在知识教学和学生学习的过程中，让学生掌握开拓创造性思维的基本方法。

三、问道课堂，让学习真正发生的变革之路

当前，引发课堂发生深刻变革的因素有两个：一是对学习机制的不断揭示，二是技术带来的变革。随着信息技术发展和学习机制揭示，为问题解决拓宽思路，促使课堂学习发生深刻变革。

互联时代引发人们生活、学习方式的深度变革，特别是"互联网+"时代的跨界融合、创新驱动等特征，给予教育更多的启示。教育需要赋予学生、教师、教学、课程等核心元素新的内涵，同时互联网技术的应用必须深入到教育的深处，与学习深度融合，提升学生的学习力。

1. 教学理念与形态的变革

在"互联网+"时代，数据改变教育是智慧课堂的核心理念。传统课堂主要依靠教师的个人教学经验对课堂上学生的学习行为进行判断再制定教学决策，智慧课堂则从依赖于存在教师头脑中的教学经验转向依赖于对海量教学案例和行为数据的分析，一切靠数据说话。数据来源于学生作业、测试、学案、课堂即时反馈等学习全过程，依据对学生学习行为大数据的挖掘分析与决策，用直观的数据了解学生对知识掌握的情况，用数据描述每个学生的个性化特征和差异，即时、精准地掌握来自全体学生的第一手学情资料，及时调整教学策略，基于数据分析改善教学机制，在课堂中实现基于实际的教与学。

2. 课堂环境与结构的变革

借助于云计算、移动互联网等信息技术，运用平板、智能手机、可穿戴计算设备等各种智能终端，将技术融入课堂教学中，构建个性化、智能化、数字化的课堂学习环境，使课堂系统超越了时空限制，动态的信息互通交流，建设了更为开放的教室，推出了更为开放的课堂活动，使得课前、课中、课后成为一体，单一、封闭的课堂教学向多元化的开放式教学发展。利用智能化的移动学习工具和应用支撑平台，教师与学生、学生与学生之间的沟通与交流更加立体化，大大提高了课堂的互动能力和学习效率。

3. 教学目标与设计的变革

智慧课堂能够将传统课堂中难以描述与传递的隐性知识显性化，使认知目标发生由低阶至高阶的变革，为认知目标及教学设计的优化提供了重要条件。例如，在认知目标及教学内容的选择和确定上，基于动态学习数据分析的智慧课堂，根据课前进行的数字化预习和预习测评情况的反馈，即时、精准地掌握学生的学情分析资料，弄清学生已有的认知基础，据此来设置教学目标，确定相适应的教学内容和教学方法，就是要基于学生的"最近发展区"设计问题，做到有的放矢、以学定教，从而提高智慧课堂教学的整体效能。

4. 教学方法和学习方式的变革

从以教师为中心、强调知识传授的传统教学转向以学生为中心、强调能力培养的新型教学，从传统多媒体教学的"望屏解读"向师生共同使用技术转变。学习资源实现媒体化、智能化、碎片化，按需推送，实时同步。借助信息技术手段，将在线学习和线下学习、实体教室学习与网络学习相结合，实质上完成了教学环境和教学资源的优化组合，彰显了混合式学习的优势。

同时基于大数据的学习分析，教师能够准确把握学生对知识的掌握状况，实现对学生个性化学习能力的评估，对每个学生的认知度更清晰，有针对性地制定教学方案和辅导策略，推送个性化的学习资料，在课后进行个别化的"微课"作业和辅导，真正实现了以学生为中心、"一对一"的个性化教学，使学习变得多元化、可视化。

课堂教学不仅应该是有灵魂的，还应该是有效率的。灵魂更多地取决于"教什么"，即教师要培养什么样的人；而教学的效率更多地取决于"怎么学"，落脚点在课堂的教学改革。之前教师关注比较多的是"教什么"和"怎么教"，今天聚焦的是学生"怎么学"。

从教学效率角度讲，"怎么学"更能体现一所学校教育价值的追求，体现教学的质量。因为，"怎么学"聚焦的是学生的"学"，涉及学生学科知识的构建、认知能力的提高，带给学生学习能力的改变。构建以学习为中心的课堂，以大数据、云计算和移动互联网等为代表的新一代信息技术与教育教学的深入融合，促使传统课堂教学向信息化、智能化方向发展。教师追求的课堂应该让学生的学习增值，让课堂"看见"学习真正发生，这也是一所优质学校的价值所在。

松山湖实验中学积极开展创造教育，以培养学生的创新意识和创造能力为基本价值取向。学校构建了创造教育课程体系，为创新型人才的培养提供了平台且开辟了途径。创造课堂教学是一种创造性的实践，是实施创造教育的主阵地，是培养学生创新意识和创造能力的重要支点。学校基于创造教育的课堂教学借助现代教育技术的支撑与辅助，创新教学手段，丰富教学形式，以保持学生的积极思维状态和良好思维品质，结合学校"对每一位学生的终身发展负责"的办学宗旨，创新教学评价，关注学生的成长和成功，为创造教育的实施提供有力的保障。

四、构建以追求智慧课堂为核心的教学管理体系

1. 抓好制度落实，规范教学行为

从教学制度的落实入手，促进教学行为的规范，认真落实课程计划和集体备课制度，强化教学过程监控，定期检查教案，抓好教学质量检查。从出题到印刷，从监考到评卷，都提出具体要求，同时制定符合学校特色的智慧课堂评价标准。学校对早晚读时间和作业量等都做了相应规定；健全和完善了初三月考、期中和期末考试质量分析制度，建立了双向细目表的命题制度；完善了科组集体备课制度，对智慧课堂公开课和课堂观察进行了集体研讨（图2），对优秀科组评选方案进行了修订。这些制度的出台，使学校的教学管理更加有序，教师的教学行为更加规范。

图2　教师集体研讨

常规教学管理制度的执行得到各科组的积极配合，各科组的专业发展也各具特色。物理科组以备课组为单位，每月都对工作执行情况进行及时总结和反省，科组坚持统一检查教案、作业等教学常规落实情况，并做好登记；数学科组用"课堂评价量表"来规范课堂教学行为，提高课堂教学效率；地理科组积极研究历年中考真题和教学策略，积极分析研讨考试后反馈的问题，完善教学内容和教学策略，制作自主学习任务单，提升学生的空间思维和阅读地图的能力；生物科组和历史科组把智慧课堂实践作为集体备课的灵魂；体育科组采取提高学生身体素质并兼顾选项的方法，用"莱格儿跑"、变速跑、竞赛跑等方法提高学生的耐力和速度，提高学生锻炼的兴趣。学校也涌现出一大批优秀教师，如英语科组的徐凤仪、李晶、朱栗叶、姚丹丹、陈晶、康一卉、朱锡涌；道法科组的黄林、林倩琪、王丹艳、吴浩谦；地理科组的朱真莹、余慧、邱丽云、叶俊炎等老师的手写教案内容详实、图文并茂、反思深刻。化学科组林荣珊、于艳伟等老师的听课记录都按时、按质、按量完成，教学评价都很高。

2. 加强教学研究，追求智慧课堂

追求智慧课堂的效益，既是上级领导部门对学校教学改革的要求，也是学校持续打造学校特色的动力，更是学校教学工作的重心所在。一学期来，各科组围绕智慧课堂认真开展研究，通过专题研讨、举办公开课和专题讲座分享等方式构建智慧课堂，努力把"智慧课堂"和"精准教学"的概念落实到课堂的每一个细节中。语文科组开展了青年教师教学技能大赛，紧紧围绕智慧课堂评价标准读、品、悟、写，踏实进行智慧课堂实践；数学科组积极打造基于合作学习的智慧课堂2.0版本，关注课前自学、课中探究的连贯性，积极推进"神算子"App的使用，利用数据分析进行二次备课；英语科组举办了"青年教师教学能力比赛"，比赛项目包括试题命制、微课制作、片段教学；历史科组注重开展信息技术与学科教学深度融合的组内培训，钟小敏老师主讲的《微信公众号与教学的结合》、王楚颖老师主讲的《focusky的使用》都产生了很好的效果；地理科组积极探索智慧课堂与微课、慕课和微课掌上通、希沃白板、问卷星、猿题库等资源的深度融合，并利用大数据反馈进行教学和管理；体育科组举办了学校第一届体育教师技能大赛。

2018年，学校组织青年教师智慧课堂复习课展示评比活动，活动显示各科组在智慧课堂复习课的实践方面取得了可喜的成绩。课堂流程清晰，课前运用微课预习和问卷星设计问卷等手段对学习情况充分调查，利用数据分析了解学生对知识点的掌握情况，有效指导二次备课；课中结合特色App指导学生个性化复习，学生"学的活动"丰富多样，通过信息化手段聚焦核心内容，学生开展有指向、有组织、有结构、有效果的学习活动，并根据掌握情况完成相应等级的学习任务；课后结合猿题库、微课掌上通、三三云平台等平台推送电子作业、自学课件等，实现作业统计、成绩PK和课前翻转等功能。这次实践也引发了教师一系列深度思考，例如如何持续有效地推进智慧课堂、如何将个性化辅导和精准化教学在课堂上生根落地等，这些问题有待教师在以后的实践中更深入地研究探讨。

各科组在教导处的组织下经过前期精心备课、磨课，推出了15节开放日推荐展示课，涵盖了初一年级的所有国家课程学科和班会课，同时开放初一年级所有班级的课堂，吸引了来自北京、山东、安徽以及广东肇庆、惠州等省市嘉宾和东莞市教育局领导、兄弟学校的同仁、家长代表近千人观摩，让社会各界走进实中智慧课堂，零距离接触学校教育教学的常态化工作。这些展示课都是基于信息技术融合学科教学的智慧课堂，各具学科特色，各科教师在设计课堂时能注意设置开放性问题激发学生的求异思维，在学生活动中关注对学生主体意识和思维的唤醒。学生们在智慧课堂上或勾画圈点，或上网查找资源，或拍照上传，或选择提交，智慧课堂强大的交互功能、对学生学习痕迹的全记录和全展现让智慧课堂有更温暖的人文关怀，课堂灵动了起来，学生的思维灵活了起来。有一位教师之后写了一段自己的收获感受："今天收获颇丰。我看到松实的课堂是灵动的智慧课堂，交流融洽，信息技术的使用恰到好处。学生在课堂上落落大方、视野开阔、思维活跃，脸上写满了自由和快乐。他们的笑容是松实教育最美的诠释。"

五、创新教学方法手段，课堂走向深度学习

创造教育重视知识的运用和思维的启发，鼓励学生主动发现、探索、解决问题，培养学生的创造意识、毅力、思维能力和技法。教学中注重对学生创造品格的培养，不断丰富教学方法手段，突显知识学习的丰富性、沉浸性和层进性。

（一）丰富的课堂教学法是培育创新的沃土

教师的创新素质是实现创造教育的前提。没有教师的质量，就没有教育的质量。学校重视教师创新素质的提升，通过校本培训、松实谈沙龙、松知论坛等活动，加强教师多元化知识的学习和教学理念方法的更新；鼓励教师钻研创造教育理论，吸收最新的教学成果，掌握有效的教学方法和必备的创新技能；鼓励学科教研组结合课型、教学内容研讨，探索培养学生创新、创作、创业意识和能力行之有效的教学方法和手段。

目前，学校各学科逐渐形成了一些具有学科特色的培养学生创新精神与创造能力的教学方法，如英语学科以戏剧为特色的情景教学法，道德与法治学科基于学生活动的借题发挥法、讨论争辩法，物理学科利用微课进行问题教学法，语文学科利用课前导读激趣的探索发现法，等等。

创新的教学方法尊重学生的个性差异和潜能差异，营造自由、宽松、愉悦的课堂教学环境，使学生积极参与、敢于质疑、学会思辨，享受心灵成长和思想奔驰的快乐。这也是素质教育的一个重要途径，因为只有将素质教育的突破口定位于创造教育，才能充分体现素质教育的完整性或整体性。

（二）现代信息技术是实施创造教育的利器

学校借助移动设备和现代教育技术，通过微课掌上通、UMU、V校、雨课堂等应用软件，极大地丰富了教学内容，创新了教学方式手段，拓宽了创造教育空间，构建走向深度学习的云平台创造教育课堂模式（图3）。

图3 走向深度学习的云平台创造教育课堂流程图

例如语文名著阅读。教学前，教师利用雨课堂软件发布相关资源做课前导读激趣，用"学习任务单"引领学生自学，利用交流平台发布思考问题，鼓励学生相互质疑和解答。

物理老师经常在UMU上发布核心问题微课（图4），周末学生在家与家长一起扫描老师提供的二维码即可开始学习，解决核心疑难问题。

图4 物理翻转课堂的微课问题导学

生物老师经常在翻转课堂后，将学生的探究结果、创作成果通过电子班牌软件V校或微课掌上通发布展示（图5），学生、教师、家长均可浏览、评论，优秀的作品经常得到大量点赞，让学生在优秀作品中汲取智慧、得到启发。

图5　生物老师分享翻转课堂的学习成果

走向深度学习的云平台创造教育课堂模式，旨在引导各学科在不同课型中打造课堂教学范式，让学科教师在教学实践中寻找创造教育的载体、突破口和生长点，让信息技术与创造教育融合，发挥信息技术手段的优势，激发学生的创造潜能。

（三）培育学生创新素养，促使学习真正发生

创造力是多种能力相互作用的产物。培育学生的创新素养，要营造有利于学生高品质学习的环境，提升学生自主学习的热情，注重学生的实践与体验，从学生创新意识、创新思维、创新实践等维度入手，带领学生挑战未知、超越自我，让每个学生开辟个性化的学习路径，让课堂"看见"学生的学习真正发生。

1. 拓展课堂教学构建校园创造生态

将课堂教学延伸到校园环境中。校园环境是教育活动的重要组成部分，在教育活动中发挥着特殊的作用。学校在三栋教学楼的架空层分别构建了人文、艺术、科技三个教育空间，在连廊建设了外国文化长廊。同时，充分利用宣传栏、移动展板、海报等为师生的创造成果提供展示的舞台。学校许多教师常将学生带到校园中教学，如美术老师带领学生进行校园写生，生物老师和学生一起研究校园里的动植物，进行蔬菜、花草栽培等。

围绕学校创造教育课程设计教学内容。在素养课程中培养学生的财商、尊重知识产权等素养，进行多学科融合教学；在每年为期一周的研学课程中设计体验、探究的教学内容，如厦门线茶文化体验、潮汕线非物质文化遗产学习、华东线探究科技文化等；利用校本课堂对学习内容做拓展延伸，拓宽学生视野，激发学生兴趣，如语文科组从"听、说、读、写"四方面开设《影视剧本赏析与写作》《快速阅读》《文言文听力训练》《声临其境》《诗词解码》等校本课程，英语科组结合戏剧特色开设《英语故事汇》《英语戏剧学习与表演》《听歌看剧学韩语》等校本课程。

结合学校校园文化活动鼓励创作。结合学校每学年的"四节二礼"文化，各年级组、学科组紧扣创造教育开展各类主题活动。这些活动均让学生发挥创造力进行创作实践，让创造教育的教学不再局限于教室，从环境、课程到活动，构建起校园创造生态，让校园"处处是创造之地，天天是创造之时，人人是创造之人"。

例如首届创客节安排展评类、讲座类、活动类共28项丰富多彩的项目，注重知识性和实用性，培养学生主动探究的实践能力和动脑动手的协作能力，许多科组的活动都独具特色，如综合实践组的"流动科技馆""鸡蛋撞地球""小创客作品展""萝卜搭塔""模拟飞行表演"等，道德与法治科组的"激扬松实"辩论赛，英语科组的"外国文化连连看"，语文科组的"创新作文"讲座和"小创客"征文比赛，数学科组的"智慧达人魔方秀"，地理科组的"创意沙盘"展、"天文科普参观"活动，艺术科组的"创意书画展评"，生物课组的"创意插花"展评等，这些活动为以后的科组活动走向精品化、品牌化积累了宝贵的经验。尤其值得一提的还有团委和年级一起组织的"创意美食广场"活动，全体师生和家长400多人共同参加。在班主任和家委会的组织协调下，食品制作、分享和现场表演都交给学生完成，突出了学生的主体作用和教育的实效性。很多学生还自发制作了微视频，并通过MOOC平台传播和互动。学生参加热情很高，创意美食广场上美食与义演齐飞，创意与欢笑同在，所有义卖的收益都捐赠给扶困公益基金，这本身就是奉献爱心、参与社会活动的过程。

2. 重视学科知识与创新思维的关系

著名教育家顾明远教授指出："创新知识从何而来？我想有两个必要条件：一是扎实的基础知识，二是创造性思维。创新并非异想天开，而是在扎实的基础知识上，掌握相关学科的前沿知识，运用创造思维，举一反三，发现和创造新的知识。"

学校各学科在教学中重视学科知识体系建立，让学生厘清知识的内在联系，有效培养学生的整体感知、整体联想和整体思维能力。

知识树、概念图、思维导图等是各学科教学常用的手段，通过日常作业、教学课件等途径，利用幕布、希沃白板等应用设计制作，让完整、科学的认知结构成为创新思维的源泉。

在教学活动中引导学生多维度、多样化思考，鼓励提问和质疑，鼓励拓展思维，在思辨中梳理知识，激发新观点、新思路。数学科组在校本练习册的编写中设计了一题多解、小组质疑等栏目，在参考答案中故意留错，鼓励批判性思维；道德与法治科组在教学中常用辩论形式，让知识在辩论中拓展，让观点在辩论中清晰，让思维在辩论中走向深入。

3. 注重在实践操作中培养创新能力

培养学生创造力、创造思维、创造意识对提高创造能力有积极作用，但创造教育更离不开创造实践。学校注重教学实践操作的开展，让学生在实践中体验、感知、收获。

学科活动为实践创作提供平台。学校各学科积极组织学生活动，如艺术节上英语科组组织英语戏剧创作表演、历史科组举办历史歌曲原创大赛、艺术组开展艺术品创作系列活动，读书节中地理科组举办旅游地理手账制作大赛，创客节语文科组的三行诗创作大赛、生物科组的微观视界卡片制作、历史科组的

"做历史"系列活动，物理科组的科学大连环系列活动等等，这些活动覆盖整一学年，大部分活动为师生全员参与，师生在活动中都体现自己的创新智慧。

作业设计、小课题研究等让实践成为日常。各学科、校本课均注重学生创作实践类作业，如漫画绘制、微课视频制作、口述史采访、实验操作等。而小课题研究则从课题计划的制定，到课题组织、研究、撰写报告、展示汇报，充分调动学生多学科知识、思维及其它各方面能力。

馆校共建、校企合作为实践操作提供资源。学校与东莞博物馆、东莞科技馆、东江纵队纪念馆等合作，他们为学校提供了大量优质的教学资源，如东莞博物馆的外销扇制作、东莞科技馆的科技实验巡展体验、东江纵队纪念馆的旧址实景情境教学，均让学生印象深刻。同时，学校还与松山湖园区华为、海丽化学、生益科技、华南设计创新院等高科技企业、研究机构合作，让学生走进企业调研，在实践中出真知。

4. 编写创造教育校本教材学材

培养具有创新思维的学生，需要有培养学生创新思维教材和学材。学校组织各学科教师对教材内容进行研究，充分发掘有利于启发学生创新思维的内容。鼓励教师在教学活动中，补充适当的教学素材，提供多角度、多维度的资料和素材，让学生通过分析、总结得出新结论、新方法，培养创新思维。

学校还组织老师编写基于创造教育的校本教材。现已成书十余本，仍有十余本正在编写。这些教材都有利于学生自主思考、探索能力的提升，有利于学生创新思维的发展，是创造教育教学实践重要的一环。

六、创新教学评价机制，把握师生发展导向

合理的评价机制对学校教育教学方向起着引领和促进作用，建立配套的评价指标是创造教育实施的保证。学校基于创造教育设计的评价指标，以促进学生创造力发展为导向，增加了一些促进创造教育的指标，实行多维度、多元化评价，关注过程性评价。

1. 改革教学评价内容

学校建立了《创造教育新授课智慧课堂评价表》《创造教育复习课智慧课堂评价表》《研学课程实施方案》《创造教育集体备课要求》《科组实施创

造教育评比制度》《教学情况反馈及学生评教制度》等一系列教学评价制度标准，重视学科组关于创造教育内容的实施和开展，重视教师是否关注学生创新思维培养和创造能力提高，重视课堂教学指标中"有效促进思维和能力培养""丰富学习方式""利用'学的问题'创设有效学习情境"等与培养学生创造力紧密相关的实施情况，鼓励教师在教学上创新，以服务学生的成长。

2. 建立学生智慧评价

根据多元智力理论，学校建立了基于创造教育的学生智慧评价，既有总结性评价，也有形成性评价和过程性评价。评价不仅针对结果，还有过程；不仅是分数，还有全方位的表现；变被动性评价为主动性评价，有效地解决学生主动发展的问题；基于大数据的评价雷达图还可以清晰地看到学生学习发展的均衡度，准确了解学生的优势与劣势。

比如，语文学科设计制定了阅读考级制度，将初中三年的课外名著阅读要求分为十级，每学期利用网络阅读平台测试考级，生成班级和学生阅读报告，基于大数据分析学生阅读能力和知识点掌握情况，以指导课外阅读教学的改进，进而实行名著阅读分层教学，作业任务分层要求，缓解了学生阅读能力落后的心理压力，也提高了优等生探求的能力。让学生渐渐从被动地阅读考级规定的书目，到主动广泛地选择其他经典作品阅读。

学校基于创造教育的课堂教学实践探索，重视教师的创新能力，发掘学生的创造潜能，鼓励和促进学生的创造热情和能力，使师生在教与学的过程中实现价值，体验创造的成就感，真正实现"创造教育为学生成长赋能"。

3. 积极推进学校教育信息化建设，提升教学效率

围绕课堂进行教学研究，加大力度推进信息化建设，提高课堂效率。学校成立了以信息技术科组牵头的信息化研究中心，利用平板教学平台、慕课学习平台等五大平台，建设选修课堂、翻转课堂等四类课堂，努力在日常教育教学行为中践行有松湖实中特色的智慧教育。教导处坚持开展日常听课、评课教研活动，通过平板推门课、展示课研究不同学科不同课型的课堂效率，通过集体备课和小专题研究思考教育信息化的效益，各科组还坚持利用平板的自动测评系统检测学生知识点的掌握程度，通过大数据的收集和分析，实施智能化评测与诊断，提高了日常教学和复习备考的针对性，开辟了信息时代教学改革的新渠道。教导处还积极推进各科组在教学实践中探索智慧课堂，完成了和东莞学堂、微课掌上通等信息化平台的融合，并尝试了校内翻转课堂的实践和学生App引导与应用探索。

学校设计开发了松湖实中"智慧评价"系统（前文有涉及），以发展性评价和过程性评价为主，形成多元智慧评价体系。

其中学业必修课以学生成绩和课堂表现、任务完成情况为主，选修课以上课考勤和学生学习的成果展现为主（如：作品、论文、微课、调查报告、表演等等），综合素养以学生日常表现考核为主。由每个学生安排自己个性化的学习和成长路径，学习过程可以全记录，学习完成后，每个学生都可以获得具体学习情况分析、推荐学习的后续内容和推荐的练习题目，用精准的大数据支持学生的个性化评价。智慧评价关注学生的多元智能表现，即语言、空间、音乐、数理逻辑、身体运动、内省、人际关系和自然这八种类型的智能，鼓励学生在弥补自身不足的同时充分发挥自身优势进行学习。用发展性评价让学生看到自己的长处，用过程性评价提醒学生明白自己需要改进的地方，学会对自己负责。所有评价数据可随时查询、可多处追踪、可多元比较，更好地促进了学生的个性发展和全面成长。经过一个学期的实践，智慧评价系统结合学习成绩和综合素质分析所生成的不同雷达图，为不同学习风格的学生选择学习方式提供了更科学的依据，也为教师针对不同学生选择教学策略提供了更强大的技术支持。

第四节　创造教育中校园安全体系的构建

近年来，校园安全事故频频发生，危害学生身心健康，破坏正常教学秩序，影响社会的稳定，制约学校的发展。松山湖实验中学利用现代信息技术，落实智慧安防理念：安全管理以校长为首落实责任制，成立学校安全生产监督管理办公室，学校各部门协调配合，以安全管理一元化、校园安全内容精细化、制度规范化、安防设施智能化四个方面建设智慧校园安防，与教育、公安、消防、交警、卫生、文化等多个政府职能部门协调配合，齐抓共管，形成"一元三化"校园安全风险防范体系，为师生安全护航。

一、构建"一元三化"风险防范体系

松山湖实验中学以创造教育为特色，突出创新性解决问题。因此，学校提出智慧安防理念：安全管理以校长为首落实责任制，成立学校安全管理办公室，充分利用大数据分析，以人防、技防、物防为校园安全工作架构，突出校园安全风险防范体系的智慧、智能、科学，形成"一元三化"校园安全风险预防体系（图1）。

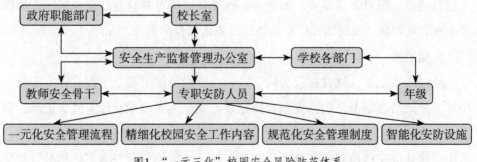

图1　"一元三化"校园安全风险防范体系

1. 做顶层

将学校安全工作管理制度规范化、流程实效化，由校长领导，建立校园安全管理工作领导小组，下设安全生产管理监督办公室，与学校各部门协调运作，以安防专职人员、教师安全骨干、科任教师为安防力量，以学校安全办、年级、班级为安全防范管理流程，从重教育、明职责、抓落实、留痕迹、找差距五个方面一体化管理，层层铺垫，环环相扣，从学生教育、教师职责、工作落实、自主反思等不同层面夯实校园安全管理工作。

2. 重教育

面向全体师生及家长开展消防安全工作，既加强对教职工和学生的安全教育，也通过家长会、家访、微信群、微课掌上通等方式加强对家长的安全教育；每学期制订安全教育计划，将各项安全教育纳入学校工作计划，组织年级、班级、个人等多种形式的安全教育活动，利用消防安全专题讲座、国旗下讲话、主题班会、黑板报、安全疏散演练、告家长书、微信公众号、网站等形式多样的途径开展工作，还通过各种安全知识竞赛活动，调动学生学习的积极性。

3. 明职责

建立以校长为学校安全工作第一责任人制度。以安全生产监督管理办公室为安全工作枢纽职能部门，下设专职安防人员、安全骨干教师。安全办履行日常安全隐患排查及治理，德育处负责安全教育活动，教务处课堂融合安全意识教育，学校各部门协调配合，确立校长、安全办主任、学校部门、年级、班级教师"一岗双责"的校园安全责任体系。

4. 抓落实

校园安全工作重在预防，以学校专职安防人员日常巡查为主导，以学校行政值日巡查、值日教师巡查、安全办、教务处、德育处日常巡查为辅助，积极排查重大危险源，及时治理安全隐患，全面落实校园安全工作。

5. 留痕迹

通过纸质记录、硬盘存放、网络宣传三个途径留下安全工作痕迹。安全工作首先要记录在纸上，包括安全会议记录、安全巡查记录、保安值班记录、节假日值班记录、人员来访记录、食堂的出入库记录、消毒记录、留样记录等；其次，建立电子档信息库，分类分年建立目录，收集日常安全工作相关资料，在部门内共享，提高工作效率；第三，根据部门分工，由专人将安全工作的动态上传至微信群、微信公众号、学校网站等，既有利于对外宣传，也有利于加强对部门工作的考评。

6. 找差距

校园安全是学校一切工作开展的基石，校园安全工作永远没有终点，犹如逆水行舟，不进则退。安全管理水平持续提高，安全管理的各个环节要均衡发展，任何一个环节存在短板都会造成不可估量的后果。安全工作管理者必须有敏锐的嗅觉、危险源辨识和风险分析能力，认真查找安全工作中的薄弱环节，加大力气解决这些关键环节，安全管理水平才能持续提高，学校才能稳步发展。

二、增强智慧管理服务的效益

（一）硬件设施升级，智慧校园为管理保驾护航

1. 智慧点餐落地，营养报告看得见

借助现代信息技术，学校实现了学生食堂智慧点餐。学生（或家长）能通过移动终端提前点餐，食堂准点配餐，学生一放学就能吃到热饭菜，膳食数据还能及时统计分析，营养报告看得见。学校克服了重重困难使该项目顺利推行，得到了家长的广泛称赞。

2. 硬件设施升级，校园环境更优化

总务处不断升级和改造学校配套设施，学校教育教学环境不断优化。如学生宿舍楼不锈钢栏杆改造工程完成施工，停车棚建设工程如期完成，高尔夫体验室、英语戏剧功能室完成建设并投入使用，课堂教学观察云平台、机器人套件、后勤用品、电梯维护保养、课本资料采购、一体机教学平台、数学创客教学资源库软件、学生宿舍水控系统、电力设备维护修养、校门防撞升降系统、足球及体育教学器材等自行采购项目已经完成，列入协议供货的教学办公项目如固定大黑板、网络设备、扩音布线、校园监控设备、化学实验室器具、便携式计算机等已经完成结算，批量集中采购了280台空调并完成了安装测试等。

（二）工会服务贴心，创设教职工温暖家园

工会围绕学校工作中心，服务大局，认真履行职能，在推进学校民主管理、关注教职工权益、服务教职工生活等方面办了很多实事。

1. 关注维护教职工的权益

工会及时向学校相关部门提出建议和意见，主动参与涉及教职工切身利益的改革方案的制定，切实维护教职工的合法权益。

2. 关心教职工的精神生活

工会在开学初制订学期工作计划，明确分工，责任到人，圆满完成了教职工生日庆祝活动、中秋节文艺晚会等。工会也做好探望新生婴儿、慰问生病住院教职工等工作，营造了温暖和谐、平安欢乐的实中大家庭氛围，反响较好。

3. 丰富教职工的文体生活

教职工俱乐部文体活动从每学期的第二周开始，共开设6个俱乐部。教职工参与热情高、参与覆盖面广、学习成果显著，其中篮球、足球、瑜伽俱乐部得到教职工的一致好评。

三、精细化校园安全工作内容

松山湖实验中学高度重视安全工作，成立安全工作领导小组，全面落实安全管理主体责任制。学校立足实际情况，认真研判安全管理风险，探索安全风险防范管理机制。根据校园安全管理内容的需要，细化为教育教学活动安全、教育设施安全等10个管理模块（图2），构建多方位校园安全风险防范体系。

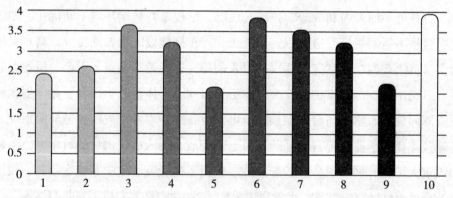

图2　校园安全工作内容模块

1. 教育教学活动安全

教育教学活动安全是校园安全的重要环节。美国著名心理学家马斯洛说："安全需要是人类的重要需要之一。"安全是人们的日常需求，与生活、学习息息相关，但是一般教育恰恰缺失的就是安全防范意识培养。对于开展安全教育，培养学生的安全意识，提高学生自我防护能力而言，安全教育与教学活动相结合尤为重要。

在安全教育活动内容上，以防火防盗、防骗防抢劫、防溺水、防交通事故、防台风、防恐防暴、防实验室危化品、预防未成年人犯罪教育等为主要内容。在安全教育形式上，以新生入学教育、毕业教育、专题报告、宣传栏、黑板报、广播、升旗仪式、班会、微信公众号、网站、各类应急疏散演练活动等为主要形式。在安全教育的组织上，由德育处、班主任和科任教师组织开展。

2. 教育设施安全

教育设施是完成教育活动的媒介，日常安全检查与课堂安全教育相结合，提高学生的安全防范能力。生活中，实验室、危化品、体育运动损伤等意外时有发生，安全教育不仅仅是专题教育活动，更需要在教育教学中渗透。安全教育深入课堂，可以有效预防、及时控制甚至消除教育教学活动中突发意外事故。

3. 心理健康安全

在中小学中，繁重的学业负担、现行的考试与评价手段带来的压力、青少年时期学生的心理封闭性，都是学生产生心理不健康的原因。当心理负担达到一定限度的时候，就会给学生造成心理问题，导致学生出现敏感、逆反、妒忌、失落、自卑、孤独、学习障碍等心理不健康的现象。

以面向全体学生全员参与、全面渗透、全程进行为工作原则，以团体辅导为主、个别辅导为辅为工作方法，以预防、预警、干预为手段，建立学校心理健康"心育"体系。

4. 消防设备安全

学校一直将消防工作作为一项重要工作，常抓不懈。在校长室的领导下，把"平安校园"的各项工作落到实处，把消防责任追究到人，建立健全各项规章制度，从消防安全责任人职责、消防安全教育培训制度、每日防火巡查制度等25个方面形成《松山湖实验中学消防安全管理制度汇编》，使工作有章可循、以章办事。

学校建立消防队，在行政指导下，以学校安保人员、教师安全骨干、医务室人员组建学校消防队，配置微型消防设备。每日防火巡查采用NFC（近场通信）系统，检查结果通过系统直接上报松山湖消防大队。每学期组织两次全校师生教室、宿舍2次消防疏散应急演练，同时每天的学校体育大课间活动出队以消防疏散的方式进行，加强火灾逃生能力的训练。

5. 交通安全

交通意外是一个世界性的社会问题，已成为国际社会共同关注的问题。学校制定校园交通安全教育活动专项计划，每学期执行"五个一"活动，即一次交通安全专题讲座、一次交通安全宣传教育实践活动、一节交通安全主题班会、一个交通安全宣传教育阵地和致家长的一封信（交通安全）。开展交通安全教育宣传活动，培养学生道路交通安全意识和自我防护能力，让学生养成遵守法律法规的习惯。

6. 校园安保

学校坚持"安全第一、预防为主"的方针确保学校财产和师生人身安全，以预防重大事故为重心，以校园为中心，确立智慧校园安全管理重点区域，即校门出入口、校园周边环境、学校主干道、宿舍区、重要办公场所、运动场、公共区域等七个重点预防区域。深入检查，摸清学校各类事故隐患情况，采取有效措施，彻底排除学校各类重大隐患，加强重点要害部位的监控工作。建立健全门卫值班、巡逻、安全检查等安全管理制度，形成《校园安全保卫制度汇编》，充实校园安全保卫力量，加强技防建设，防止不法分子进入校园制造事端，保障师生人身及财产安全。

7. 食品卫生安全

学校严格按照《食品安全法》《学校食堂与学生集体用餐卫生管理规定》等相关法律和文件的要求，建立以校长为第一责任人的学校食品安全管理与责任制度，完善食物中毒或其他食源性疾患等突发事件的应急预案，健全食物中毒或其他食源性疾患的报告制度和食品卫生事故责任追究制度，督促食堂从业人员落实上岗体检与培训制度，落实食品采购、贮存、加工、销售等各个环节符合卫生要求的工作措施。学校成立食卫监督管理小组，每周一次对食堂常规卫生及食品安全检查并评分，了解掌握相关设备、设施的更新改造以及对周边环境的改造美化工作，发现问题及时汇报、及时研究解决。

学校值日行政实施陪餐制度，每天与学生一起用餐，并将相关信息记录在案，及时督促食堂改进，及时检查并结合上级主管部门、卫生执法部门在检查中发现的问题提出整改意见，限期整改排除，确保食品安全。

8. 防止校园欺凌

根据各项数据统计及媒体报道显示，校园欺凌事件频发，暴力事件逐步加深，校园欺凌已经成为影响校园安全的主要事件之一。

学校结合依法治校，完善校园安全相关法律制度，加强预防和应对校园安全工作的能力。学校重视家庭在防范治理校园安全中的作用，家校共建，积极开展"法制进校园"活动，不定期邀请公安民警到学校进行法制教育活动。加强社会综合治理，强化校园综合治理是全社会的责任，联合政府各职能部门，履行各自职能，对校园周边环境齐抓共管，真正担负起社会对校园安全防治的责任，做到校园安全防范与学校整体教学安排同步部署，积极开展各类安全教育活动。

9. 防范自然灾害

自然灾害防范以预防为主，常备不懈。学校经常宣传自然灾害的防范知识，提高师生安全保护意识，加强日常检查，发现隐患及早采取整改措施。学校应急领导小组对自然灾害事件进行预防、报告、控制和救治工作，实行依法管理，根据自然灾害发生情况，启动相应的应急预案，做出应急反应和处置，建立行政人员24小时值班制度并设立值班电话。

10. 突发事件应急处理

学校成立以校长为组长的突发事件处理领导小组，建立应对突发事件的预测、应急处置、恢复重建等机制，提高应急处置能力和指挥能力。学校倡导制度管人、流程管事，根据各类突发事件的特点，建立健全《松山湖实验中学各类突发事件应急预案汇编》和《松山湖实验中学突发事件应急疏散汇编》，有效处置学校内发生的各类突发事件，切实维护学校的稳定，维护正常的教育教学秩序，保障各项工作的正常开展。

四、规范化校园安全管理制度

生命高于一切，安全重于泰山。学校安全工作直接关系到学生能否安全、健康地成长，关系到千万个家庭的幸福安宁和社会稳定，关系到学校的教育发展。

学校针对校园安保、消防安全、交通安全、食品卫生、各类突发事件应急预案、设施设备管理等方面进行安全制度汇编，制定体系化的安全管理制度和操作规程，排查治理安全隐患，监控重大危险源，构建预防机制，规范安全工作行为，让人防、物防、技防处于良好的运行状态。安全工作机制主要是安全预防，从影响校园安全的各种因素防微杜渐，规范校园安全工作机制。

五、智能化提升校园安防力量

学校积极升级安防设施（图3），涵盖校园门禁系统、智能监控系统、语音对讲系统、人脸识别系统、一键报警系统、智城消防系统六个方面，提升智慧校园安全风险防范的硬件设施。

图3　智能化安防设施模块

1. 智慧校园门禁系统

借助网络物联网通信、监控系统、射频识别以及智能控制等多种技术，通过一对一的门禁识别控制、视频监控、报警联动、校园一卡通等多种关键技术系统集成，为校园安全及正常的教学提供可靠保障。

2. 智能监控系统

采用图像处理、模式识别和计算机视觉技术，建立通过在监控系统中增加智能视频分析模块，借助计算机强大的数据计算和处理能力，快速分析出被监控点的异常状态，分析抽取视频源中关键有用的信息，快速而准确的定位事故现场，判断监控画面中的异常情况，并以最快和最佳的方式发出警报或触发其他动作，从而有效进行事前预警、事中处理、事后及时取证的全自动、全天候、实时监控的智能系统。

3. 语音对讲系统

借助近距离近场无线电通信技术、无线电广播寻呼技术，可以以最快和最佳的方式精准地把报警信息、预警信息、通知等第一时间传达到安防人员和关键节点，达到精准报警、人员快速调动、协调、定位等在传统安防安保方面无法做到的功能。通过语音对讲系统，安防人员可以实时了解人员部署情况，结合智能监控系统，能更快捷地了解被监控点的实时情况，达到预防处理、快速应对等。

4. 人脸识别系统

在传统的监控系统上，因为缺少人脸识别、抓拍等功能，要精确定位到某人、某件事往往需要花费大量的人力物力。因此，在智能监控系统上增加人脸识别系统模块，借助强大的人脸大数据识别库，通过计算机强大的大数据分析和计算能力，可以精准定位、高效分析识别以及毫秒级响应，并立即向安防人员报警，在监控室大屏幕立即呈现被识别人的姓名、年龄、抓拍图像和行动轨迹等信息，协助安防人员快速处理应急事情。

5. 一键报警系统

在发生暴恐事件或其他紧急情况时，通过一键式报警器进行报警，使110报警中心通过一键报警器装置信号迅速获取用户所在位置，从而调动最近警力进行现场处置，进一步提高公安机关快速反应机制，切实增强公安机关反恐维稳处突能力，确保校园安全稳定。

6. 智城消防系统

通过基于智能硬件、智能通信管理、云计算的智慧消防安全生产智能化体系，学校设立安防巡查点，并输入数据库，绑定NFC电子标签。每日巡查人员用具备NFC读卡功能的安卓手机登录《粤智新消防》App，用手机背面接触NFC电子标签，巡查员根据巡查实际情况进行勾选，提交完成巡查工作。上级主管部门提出隐患整改要求后，巡查员须根据整改结果进行确认。

学校"一元三化"校园安全风险防范体系的构建，切实保障校园安全防控工作的落实。

当然，学校目前也还存在安防设施设备未能完全数据化、智能化，还需要专人操作等问题。但我们相信，随着智能时代的到来，智慧安防一定会为师生安全护航。

六、以贴心服务为导向构建平安家园

学校教育教学的正常开展，离不开后勤部门职工的默默奉献，校务办、总务处等部门职工以良好的服务意识、高度的责任感，较好地完成了后勤保障任务。

校务办积极主动做好教职工的工资福利、社保变动、档案管理、校车配置等工作，认真做好教师的职称评定、转正定级及各种人事统计等工作，并协助校长室做好高校毕业生招聘工作；总务处做好预算工作，监督和指导物管公司及食堂做好学校的设备维修、绿化保养、供水供电、饮食卫生等后勤服务，消除各种安全隐患；医务室组织全校学生进行年度体检，完成广东省医疗机构药品质量、安全生产监督检查，创建无烟学校，并根据天气变化多次发布疾病预警信息，做好各项传染病的防控工作；教工会积极组织各个俱乐部活动和教工篮球比赛，并举办中秋节文艺晚会。

后勤保障服务是学校开展正常教育教学活动的前提，学校总务处一直高度重视校园安全设施配置、安全管理和安全教育，建立健全安全防范的各项制度，不断完善管理机制，坚持不懈地进行常规安全检查，及时消除隐患，并配合上级部门的检查，加强校园24小时值班巡查制度、行政值班制度、校卫管理制度、物管报告制度等日常安全管理制度的落实，监督和指导物管公司做好学校的日常维护和后勤服务工作，严格按照有关的规定和标准做好各项收支工作，认真及时做好各项招标工程预算的执行工作和验收工作等，督促食堂设法提高服务质量和膳食质量，进一步完善学校的资产管理制度。学校医务室认真执行《学校卫生条例》，在流感高发季节认真执行晨检制度，及时跟踪疫情情况，采用合理的处置方法，为疫情防控做出了突出的贡献。学校发展至今，仍有大量的基建改造项目尚未完成，校园的维护工作也千头万绪，学校总务部门职工经常加班加点，为师生的学习和生活带来更多便利，也为学校新的发展奠定了良好的物质基础。尤其值得一提的是，除了保障日常教育教学活动的正常进行，总务部门和物业公司员工还协办了多项市级大型活动和教研活动，在人手紧缺的情况下，或承担接待任务，或提供后勤支持，共同为学校大型活动的顺利开展辛勤奉献，展示了学校的良好形象。

第三章

铸就创新型教师队伍

教育是人的教育，立足于生活，促进人的完善，提升人的精神品质。我们希望结合学校创造教育的课程文化，探索符合学科特点的教学方式，形成体现"创新、创作、创业"的智慧课堂，发挥出创造教育价值引导、能力提升的价值取向，培养学生的创新意识、创新思维，发展创造性实践能力和创业精神。要培养有创造力的学生，首先要有一批创造型的教师。

第一节　引领价值追求，锤炼师德师魂

一、坚持价值引领，形成良好文化氛围

思想是行动的先导，价值观决定人的理想、信念和追求方向。学校文化是由学校成员在长期的教育教学活动中共同创造的，具有个性的精神和物质的共同体，坚持正确的价值观引领、培育良好的学校文化是学校立校之本、发展之源。

树立社会主义核心价值观，让教师增强教书育人的荣誉感、立德树人的责任感、为人师表的使命感，坚持热爱祖国、爱岗敬业、诚实守信、友爱善良的价值追求，是办好学校的先决条件。

学校确定了任务目标，即在五年内充分利用各种条件，形成具有松山湖实验中学自身特色的价值观、信念、环境和制度的文化特质，实施文化育人。为了达成这一任务目标，学校采用了一系列有效措施，坚持价值引领，建设一支有创造力的教师队伍。

（一）以共同愿景凝聚教师

让教师参与学校未来愿景的策划，把学校的办学理念和办学目标化为全体教师的共同价值观。鼓励教师设计自己的个人愿景，在实现学校发展进步的同时实现个人价值，对学校的认同感、归属感和自己的成就感、荣誉感是教师发展的内在动力。

办学愿景：办一所具有创新活力的幸福学校。

我们努力，让学校每一个地方都能充满民主的精神与教育的智慧；我们努力，让学生的每一个时刻都能享受学习的乐趣与创造的成果；我们努力，让教师的每一天工作都能体会专业的尊严与职业的幸福。

（二）形成以"五个意识"为核心的教师文化

1. 人本意识：价值观

基本观念：以人为本，以关爱生命、呵护人性为学校文化的原点，以促进师生的生命发展、提升师生的生命质量为学校工作的终极目标，尊重人权，包容个性。

2. 团队意识：组织观

基本观念：重个人，更重集体，鼓励个人成功，更鼓励团队整体的成功，团队成员协调配合，和而不同；提倡个人为团队的整体成功做贡献，在团队的整体提升中收获每一个个体的成功。

3. 精品意识：质量观

基本观念：把每一项平常的工作、每一件简单的事情做好，不求做到最好，但力求做得更好。在工作过程中始终保持一种"能否做得更好""怎样才能做得更好"的思维模式。

4. 研究意识：发展观

基本观念：学校及个体成员在发展过程中认真研究教育对象和教育内容，经常保持一种对已经发生的教育行为或管理行为自觉进行自我审视、自我诊断的积极心态，不断总结提炼成功的经验，在认清自我的基础上不断寻求新的提高。

5. 创新意识：态度观

基本观念：创新是一种锐意进取的精神面貌和一种勇于探索的工作态度，也是松山湖实验中学的鲜明特色。树立创新意识，破除狭隘思维，凭借敢为人先的拼搏精神，博采众长、积极进取、追求发展、追求卓越。

（三）建设多种学习型团队

加强对教师的关心和指导，营造信任、理解的沟通气氛。根据教师的学科专长、个性爱好等，在教研组、年级组、备课组、团支部、校工会等各个层面，引导组织若干小团队，自主规划团队小愿景，通过经常性的学习、沟通、交流、探索，相互影响，达成共识，增强智慧。学校成立了教师成长促进会，又名"松实谈"，并逐渐成长为"松实论坛"教育品牌项目，旨在以书会友、以谈促学、以学促业，借此促进青年教师快速成长。

二、激发创业精神，建设创造型教师队伍

在创办之初，学校提出要把学校办成"具有创新活力的幸福学校"，办成师生共同的理想家园，极大地激发教师的创业热情。学校设立了"创业的风采"求是奖，求是奖取名于学校校训，与国家科学技术基金会奖励同名，旨在表彰教育教学中杰出的教职员工。"创业的风采"有双重含义：一是希望教师团队不忘初心，永葆创业激情；二是希望学校教师队伍能持之以恒，将学校的创造教育事业发扬光大。"创业的风采"求是奖以"向最美的奋斗者致敬"为主题勉励教师，尽管创业之路荆棘丛生，却迎来了前所未有的创新发展机遇。社会的信任与期待，激励着教师不忘初心、永葆激情，勇敢探索实践理想的教育。

美国心理学家托兰斯研究发现，教师的创造性与学生的创造力之间存在一种正相关。创造型的教师队伍建设是培养和造就创造性人才的关键。学校认为优秀的教师应该能够善于吸收新的知识经验，并有独立见解；能够积极探索创新教育教学方法，并在实践中证明其行之有效；能够为学生创造良好的学习环境，尊重学生的个性化发展；能够形成"包容、向上、创新"的班级氛围和和谐的师生关系。

为此，学校启动"名师工程""青蓝工程"，通过名师引领、专家指导、师徒结对、共同研讨的方式，促进青年教师的专业发展。学校组织教师沙龙、教师成长促进会共同研讨，交流分享教学经验和困惑。学校还申报了全国教育科学"十二五"规划2014年度国家课题子课题《智慧教学模式研究》和中国教育发展战略学会教育管理信息化专业委员会"十二五"教育科研规划课题《基于混合学习的翻转课堂教学与应用研究》，学校总领课题，将分课题下发到每个教研组，让每位教师参与到课题研究和教学创造之中。教师带着课题研究任务，开题、调研、读书、实践、反思，并实时在网络教研平台上分享，不少教师就在钻研课题的过程中形成了经常写教学反思的习惯。在努力尝试构建课程体系的过程中，我们惊喜地看到教师在创新教学活动的过程中迸发的智慧和热情。比如，为有特殊需要的学生提供个体"选修课程"，努力研发完善校本教材，为有特长的学生提供"个性秀场"，利用晚修时间开设"微课程"翻转课

堂实践等。这些尝试引领教师队伍走在课程改革与实践的前列，教师从课程执行者到课程创造者的转变也催生了学生的创造力，为学生的成长与成功提供了更多的可能性。

学校继续完善和落实常规教学工作，要求所有教师在学期中上交教学反思（或案例）一篇，新教师每周上交教学反思一篇，对作业批改、听课记录和集体备课情况进行了常规检查，在全体学生中对教师的教育教学（含校本教学）工作进行了调查。反馈结果表明，学生对教师的教育教学整体满意率都处于良好及以上。

开展主题鲜明校本培训。学校制定了"走向深度学习的智慧课堂"系列校本培训计划，扎实有效地开展各种培训活动。如假期间邀请华南师范大学焦建利教授为新入职教师做信息化校本培训，还邀请了上海市特级教师孙宗良、广东省第二师范学院教授熊焰、东莞市教育局教研室金煜良、东莞市高级中学毛经文等专家开设专题讲座，邀请了校内李铸勋、邱丽云、黎晓骏等老师进行主题分享。同时，学校也开展了"走向深度学习的智慧课堂"竞赛活动，参赛教师围绕"深度学习"主题进行课堂设计，体现了精准教学的理念，凸显了学生的主体作用。全校性的赛课、观课、评课等活动，为教师搭建了展示交流的平台，也促进了科组间的相互学习。

📖 附：

幸福是奋斗出来的

——2018年春季开学典礼校长讲话稿

亲爱的老师们、同学们：

福犬报春呈祥瑞，春风送暖入松湖。在新年的余韵中，一段校园时光的轮回又开始了。看着我们的老师、同学个个朝气蓬勃、精神抖擞，真是非常开心。一年之计在于春。在如此生机勃勃的校园，面对如此春光，不知此时此刻大家是否与我一样心中澎湃着激情呢？

今天，我首先给大家分享一个真实的故事。春节假期，学校有位老师去一个商店买些年货。店主听说顾客是松山湖实验中学的老师，马上赞赏不已，竖起大拇指称"学校很不错",讲了好几件事例,还给这位老师打了九折,让我们这位老师觉得很受重视,很是感慨。现在,越来越多的社会人士打听如何将孩子送进我们学校读书。

良好的口碑来自于我们取得的成绩。学校创办至今909天,我们这所办学时间未满千日的新学校,首次参加中考全市生物、地理平均分名列前茅,上学期我们获得国家创客教育实验学校、全国青少年校园足球特色学校、广东省中小学教师信息技术应用能力提升工程示范校等国家级、省级集体殊荣十余项,赢得了上级主管部门、教育界同行和学生家长普遍的赞誉。2017年,我们总结出一张长长的、沉甸甸的幸福清单,这让我们全体师生倍感光荣和自豪!

这份光鲜的幸福清单背后是什么?我想,那就是奋斗!

老师们、同学们,青春是需要奋斗的。

马云曾对年轻人说:"你们不去冒险、不去拼一份奖学金、不过过'没试过'的生活,整天想着刷微信、逛淘宝、玩网游,干着我80岁都能干的事,不吃苦、不奋斗,你要青春做什么?"

对同学们来说,青春年少正是学习好时光。学习从来就不是一件轻松的事,在全世界都一样。

在此,我给大家分享第二个故事:2016年英国教育部曾宣布,根据教学改革计划,英格兰8000多所小学将采用亚洲国家,特别是中国学生的传统数学教学方法。

为什么英国要引进中式数学教学法?这是因为他们认识到,教育如果只讲"天性自由""兴趣发展",到头来培养出的可能是连最基本的加减乘除都不能独立运算的人。这是很遗憾的事!让同学们在学校快乐成长是正确的,但是学习的过程一定是辛苦的!天道酬勤,优秀成绩的取得,需要你在别人看漫画的时间去思索,在别人玩游戏的时候去努力,在别人刷微信的时候去钻研。寒假期间,有不少同学按自己的计划在学习,为自己成长充电,这就是自己送给青春最好的礼物。

老师们、同学们,事业也是需要奋斗的。

我想分享第三个故事:华为的"床垫文化"。华为是全世界享有盛名的伟大企业。华为创业期间留下了一个传统:几乎每个开发人员都有一张床垫,卷放在办公桌的下面。午休时，席地而卧；晚上加班，不回宿舍，累了就睡在这一张床垫上，醒了爬起来再干活。一张床垫半个家，华为人携着这张床垫走过了创业的艰辛。事实上，"床垫文化"伴随着华为从1988年成立一直到现在，华为凭借这股奋斗精神超常发展，在2017年销售收入达6000亿元！

华为人说："不奋斗，华为就没有出路。艰苦奋斗是华为文化的灵魂，我们在任何时候都不能因为外界的误解或质疑动摇我们的奋斗文化，我们在任何时候都不能因为华为的发展壮大而丢掉了我们的根本——艰苦奋斗。"

联想我们学校，当它还是一张蓝图时，我就追问自己，我去创办的将会是一所怎样的学校？它会不会成为一所薄弱的新学校？现在看来，我们不是薄弱学校。但是，我们办学的最终目标并不只是这样，我们想办一所有稳定提升的教学质量、有创造教育的鲜明特征、有持续发展的内在动力、能与世界先进教育对话的一流学校。筑梦容易，圆梦难，成就事业需要艰苦奋斗。我们一批又一批有着共同理想的老师相聚松湖实中，不甘平庸，与创新同行，与奋斗共融。多少个日夜，多少个假期，我们的老师在学习、在参加培训、在集体备课、在研读教材、在制作微课、在指导学生……要问我们的老师累吗？哪有不累的。看着老师们布满血丝的眼睛，想起老师们日渐加深的皱纹，我就知道，老师们对学校、对学生的爱有多深、付出有多少！每一次和同学们一起体会到的成就感和幸福感，让我们的老师渴望继续奋斗。于是，加班、加班，主动而幸福地加班！正是因为全体师生付出了艰辛，学校才有了今天的成就。老师们、同学们，幸福不会从天而降，成绩和荣誉背后都有一个个感人至深的奋斗故事。我提议，让我们以热烈的掌声，为我们自己书写的奋斗故事点赞！

老师们、同学们，我曾看过一篇文章，题目叫《走一步，接着再走一步》，让我感悟颇深。文中有两个人物，第一个人是恐高症患者伯森·汉姆，他徒手攀壁，登上了四百多米高的纽约帝国大厦，创造了吉尼斯纪录；第二个人物是汉姆94岁的曾祖母，她特意从100公里外的葛拉斯堡徒步赶到汉姆身边，以这样特殊的方式，给曾孙的创纪录庆祝活动添彩。不经意间，她竟又创造了一个耄耋老人徒步行进百公里的世界纪录。《纽约时报》一位记者采访她："您在徒步赶来的时候，是否因为年龄等原因动摇过？"老人一脸轻松地说："小伙子，一口气跑100公里，那需要很大的勇气，但走一步路是不需要勇气的，只要你走一步，接着再走一步，然后一步接一步，100公里也就走完了。"这个故事告诉了我们，谁都可以创造奇迹，只要每天定一个小目标，每天为这一个小目标而奋斗，简单的"走一步，接着再走一步"，再高的山峰也在脚下，再遥远的目标也不再缥缈。

接下来这一学期，我校初三年级同学将迎来升学考试，初二年级同学迎来生物地理中考，初一同学要更好地展现自己的风采。我想，只有奋斗才有机会成功，只有奋斗才能实现更好的自己。

老师们、同学们，2018年征程已经启动，让我们为自己心中的目标一起奋斗、成就梦想、品味幸福吧！

第二节 加强科组建设，推进集体教研

教师即研究者。在以校为本的科研活动中，课题来自学校，来源于教学现场。学校积极搭建平台，着力培养教师的科研意识和科研能力，形成浓厚的科组研究氛围。

一、科研引领措施：构建网格化课题群

1. 科组内部开展小课题研究

学校加大校本培训力度，鼓励教师开展课题研究，计划每个教研组承担一项市级课题的研究，并积极推行小课题研究，将科研意识的培养和科研能力的提高落实到每一位教师身上。

学校着重发挥学术委员会的作用，以学术委员会牵头，组织各科组内部开展小课题研究。每学期，各科组一线教师对教学中的热点、难点问题开展小课题研究。

2. 发挥名校长（名师）工作室科研辐射作用

2018年，学校有省级名师工作室2个、东莞市名师工作室3个、松山湖园区名师名班主任工作室4个。学校充分发挥名校长、名师工作室的科研引领作用，带动青年教师共同研修，逐步构建自主学习型教研团队，培养青年教师教研能力。

各科组、备课组积极组织日常教学教研活动，促进教师专业成长。语文科组组织学习王荣生等专家备课的讲座视频；物理科组将集备课件和练习提前一周上传在科组QQ群，便于教师的个性化修改；英语科组围绕"翻转课堂"和"课外阅读"的课题开展教研活动，邀请专家指导点评；地理科组积极研究

历年中考真题，提出相应的备考策略；历史科组踊跃参加市级教研活动；生物科组引进数码显微镜提升实验课的教学效果，并积极探索中考实验技能考试对策；化学科组认真学习课程标准，研究中考试题，及时掌握中考变化；体育科组按照中考标准，每月进行一次考试，提升学生的应考能力，促进学生体质增强。各科组在学期末举行的科组展示会上，用视频、照片等形式串起科组一年来的建设成果，展示了松山湖实验中学科组团队不一样的智慧与幽默，诠释了松山湖实验中学人爱岗敬业、勇于创新、团结奋进的教师文化。

二、"孵化"策略：构建立体成长阶梯

一所学校培养出几位名教师可能出于偶然，但如果培养出一批名教师，那必是因为学校文化成为"孵化"名教师的"沃土"。我校的教师发展工程以创造为导向，以教研为中心，以孵化为策略，以提高教师的专业能力和综合素养为目标，搭建立体平台。

科组孵化：教研组以公开课展评、校本教材编写、小课题研究等方式共同研修。

沙龙孵化：松实谈、松知院等沙龙交流，促进教研对话。

工作室孵化：工作室主持人课题引领、学员共同研修。

名校联盟孵化：与国内外名校缔结友好关系，开展主题研究与合作。

跟岗孵化：校际名师交流，外派跟岗学习半脱产进修。

各科组以省、市、园区名师工作室为孵化器，助力教师专业成长。学校已经形成了"骨干教师——市教学能手——市学科带头人——省、市名师工作室主持人"的专业成长阶梯。截至2019年6月，学校已有省、市、园区三级工作室主持人9人、市学科带头人13人、市教学能手33人，还有一大批园区和校级骨干教师，教师的专业成长形势喜人。

在集体备课方面，各备课组根据学科特点落实备课制度，逐步摸索出了适合科组集体备课特色的有效途径，如语文科组在落实集体备课中，建立了反馈、调整制度，杜绝了"只备不研"的现象，认真细读文本，讨论教法，对每篇课文教学内容的确定都反复研讨；数学、生物科组加强对集体备课的深入研究，将重点放在对学案的研究与编制整理上，对教学的直接指导意义非常明

显，教学效果得以大幅提升；英语科组集体备课氛围最好，教师们经常在一起进行专题研讨，就集体备课中新思路的提出、集体备课与自己教学的融合、课堂教学中节奏的把握、对学生的把控和语言的组织等一系列问题进行了充分的交流，经常互相听评课，使集体备课的原创性、合理性及实效性更强。多数备课组坚持集中备课与分散备课相结合，方式灵活多样，注重实际效果。教导处还统一检查教案、作业等教学常规落实情况，对青年教师的优秀手写教案进行了展评。

建设品牌科组，打造科组品牌。各科组在科组品牌资源建设方面取得了长足的进步，道德与法制科组重视校本课程的开发和研究，黄林的《生活中的法律》、王丹艳的《唇枪舌剑激情辩》、林倩琪的《"谜"你世界之乐解之"谜"》深度体现跨界思维，深受学生喜爱；历史科组校本课程建设在传承中有发展，王楚颖的《甲骨王国》和康青青的《做历史》被评为优秀校本课程，科组的专业发展也开展得扎实有效，围绕钟小敏的课题《历史图像细节的教学研究》进行了多次研讨，以研促教；艺术科组陈修重的《应用钢琴入门》、吴芳芳的《古韵琴筝》、张淑珊的《芭蕾舞》等课程都极富特色；地理科组林晓红的《地理知道怎么办》、邱丽云的《简易天文》、朱真莹的《天文进阶》成为该科组精品校本资源；生物科组柳玉君的《植物艺术》、胡美平的《创意手工皂》、李彩凤的《艺术压花贴画》等课程设置围绕学生的生活素养开展，学生在动手的过程中享受生物学科的美妙；信息科组黄潮滨的《跟我学做App——App Inventor设计入门》、赖鹏津的《校园短片视频制作》、张清泉的《MIXLY创客机器人》；综合实践科组刘文波的《模拟飞行》等课程深受学生好评。另外，语文科编辑完成的《状元笔》第四期、体育科组的"大课间"、综合实践科组的"小课题研究"等都逐渐成为科组品牌。

三、碰撞策略：搭建教研交流平台

学校全力支持教师走出去参与省、市教研交流展示活动。张清泉、刘文波等老师参加广东省首届中小学STEM教育交流研讨活动。如张清泉老师作为首批全国STEM教育种子教师代表作专题讲座；叶敏仪老师在广东省教育厅举办的综合实践课程研讨活动中开设讲座，并在东莞市教研活动中开设讲座；潘艳荔在韶关市新丰马头中学上初三作文指导课，在振安初中上展示课，并开展市级以上讲座4次；欧阳伟在万江二中上作文示范课并开展市级以上讲座3次；戴伦传应邀为肇庆怀集县骨干教师作讲座；徐岚在万江三中同课异构，并开设市级讲座3次；刘利玲到广州、厦门、肇庆、潮州等地开设讲座4次；钟小敏应邀在教师进修学校，万江二中、万江三中等地进行专题培训；李清在"东莞市中小学见习教师规范化培训"中做专题讲座；王丹艳到万江三中开设慕课案例制作讲座；于艳伟到万江二中同课异构；王建新做专题讲座；陈修重到丰泰外国语学校送课；孙向阳在东莞市教研活动中开设讲座。

学校践行创造教育下的教师自主发展观，强调教师的"专业性"和"创造性"，即尊重教师的自主意识，欣赏教师的品牌特色，关注教师的内在需求，强调教师的专业发展与人生价值体现，营造"让教育与温暖同在，与创造同行"的教师文化，努力让教师在每一天工作中都能体会专业的尊严与职业的幸福。现已有部分名师朝着"教育家"的方向迈进，他们与国培讲师、高校客座教授参与各种教研活动，也多次受到了南方日报、广东电视台、东莞广播电视台、东莞日报等主流媒体的专访。

四、校本教研：促进教师专业化成长

为保证学校教研和培训工作的组织落实和有效展开，学校制定相应的规章管理制度，教导处负责具体组织实施。各科组制订学年教研工作计划，计划包括科组学年业务学习、科研课题研究、青年教师的培养、教学交流活动及学科竞赛等活动的安排；以科组为单位，开展校本教研活动，开展小课题研究；实行相互听评课制度，扎实有效地开展"青蓝工程"活动。

学校鼓励教师撰写教学论文和教学反思。有不少教师的论文已获奖，如叶敏怡老师的论文《互联网条件下三种初中生物教学策略的对比探究》获得广东省生物学年会论文评比一等奖；欧阳伟、康一卉等老师的论文获市一等奖；周琼平、潘艳荔、王睿凯、丁蔷、李晶、李清、钟静、凌波、祈书行、郭振维、洪尚志等老师的论文获市二等奖；钟小敏老师的《初中历史主题式综合题命制的几个节点》发表在《中学历史教学》2017年10月刊；郭振维老师的论文《我与西安有个约会——记赏学游2017西安快乐成长夏令营》发表在国家级报刊

《教师报》上。此外，语文、政治、物理、历史等科组教师还参与了教材或教辅资料的编写。

在课题研究方面，姚杨海老师的《信息技术支持下精准教学的实践研究》被广东省教育局评为2018强师工程课题，万飞、潘艳荔、钟静、何国钊、叶敏怡等老师申报的课题被评为东莞市教育科研"十三五"规划2017年度立项课题。除参加市级以上立项课题研究外，学校还加强了校本课题研究的力度，各科组围绕智慧课堂申报小课题数个，并开展了广泛的研究探讨。

为充分发挥学校在教师继续教育培训中的主体作用，提高校本培训工作的质量和水平，根据东莞市继续教育培训有关规定，结合学校实际，组成了以专家名家、省市名师工作室主持人、学科带头人、骨干教师为梯队的培训团队，开展多层次、有时效的校本培训活动。学校"还请进来、走出去"，扎实有效地开展校本培训。2018年，学校邀请了语文大师钱梦龙老师、省督学熊焰、岭南师范学院徐洁博士等知名教育专家来校讲学，让学校教师与专家面对面地开展对话交流。学校还邀请南京师大的潘竹娟主任为科组长和备课组长等骨干教师开展课堂观察专题培训活动。从专家名家们的讲座或课堂中，教师感受到教育者睿智的引领，学习到先进的教学理念，为创建学校的教学特色找到灵感和突破口。

教师还不断走出去发挥辐射引领的作用。例如刘桂红老师在山东昌乐一中上全国智慧课堂研讨课《背影》，受到语文同行的广泛好评；潘艳荔老师到云南师范大学开设国培讲座《统编新教材的课堂实践》，在韩山师范学院开设省骨干教师培训讲座《阅读课堂的设计》；欧阳伟老师在江西井冈山大学为国培班的老师上复习课《狼》，并做专题讲座《在言文章道中注重文化渗透》；姚杨海老师在全省物理实验教学研讨会上开设公开课《光的反射》，在清远市2018中考备考研讨会上开设展示课《探究焦耳定律》，在广东省中考备考研讨会上开设《复习课堂的优化》讲座；谭吉成老师应揭阳市蓉城教育局邀请开设中考备考讲座；钟小敏老师在广东第二师范学院花都校区开设讲座《基于信息技术的历史翻转课堂教学》，钟小敏和林晓红老师到东莞中学松山湖学校做了信息技术专题讲座；朱真莹老师到合肥三十中做《智慧课堂分享》讲座；在温州举行的"学创杯"智慧课堂颁奖典礼上，陈晶老师开设了国家级优质英语课；在东莞市中小学教师信息技术应用能力提升工程骨干教师交流和成果展评活动中，李清老师展现了高水平的智慧课堂；在市综合实践活动智慧课堂研讨活动中，叶敏仪老师开设《方法指导课的设计》讲座；刘利玲老师在与顺德养正学校教学交流中做《新教材教学实践》讲座；王丹艳老师上了智慧课堂研讨课。

学校积极承办市级以上教研活动。2017年11月15日，学校承办了东莞市初中语文国家统编教材研讨暨潘艳荔名师工作室活动；2018年1月11日，学校承办了东莞市中学语文教学研究会第三十四次（2017）年会暨东莞市初中语文阅读教学专题研讨活动；2017年12月29日学校承办了东莞市初中生物智慧课堂研讨活动；2018年1月10日，学校承办了省级课题《初中英语核心素养培养的策略研究—以课堂思维能力为例》研讨活动；2017年12月，学校举办了创客教育论坛活动，并承办了2017年东莞市科技创新大赛创客智能车比赛项目。这些活动的成功举办，扩大了学校的知名度和影响力。

五、硕果累累：学校教师成长的丰收

据不完全统计，科组教师获省级以上奖项31次、市区级奖项94次。李严益老师获世界跳绳锦标赛优秀教练员称号，带领学校学生代表国家队参加世界跳绳锦标赛，获得女子双人同步第五、男子双人同步第六、女子四人同步第七、男子四人同步第十二的好成绩；张清泉老师获全国首批STEM教育种子教师、东莞市电脑机器人竞赛优秀指导教师、东莞市科技创新大赛优秀指导教师等荣誉称号；赖鹏津老师获得全国车辆模型竞赛优秀指导教师荣誉称号；林倩琪、王丹艳、吴浩谦、刘利玲老师被评为东莞市首届"模拟联合国大会"赛事优秀指导教师；董崇慧、董亮老师被评为2018年中学生足球赛（初中组）优秀教练员，带领学生足球队成功卫冕东莞市中学生足球赛（初中组）冠军；唐维老师的论文在第九届中国学校体育科学大会中获国家级一、二等奖，并获广东省第十五届运动会科学论文一等奖和2018年东莞市中小学体育与健康优秀论文评选一等奖；王楚颖老师的课例获2018年全国历史优质课评比一等奖；潘艳荔、欧阳伟、戴伦传、王家莉老师获市名著案例评比一等奖；在"一师一优课"评选活动中，刘利玲、张淑欣、范湘金、李慧健老师的录像课被评为部级优课，王晓援、冯茜等10位老师的录像课被评为省级优课，林丹忆、吴超龙等24位老师的录像课被评为市级优课；陈修重、洪尚志老师的微课荣获市一等奖；胡美平老师的案例获市校本实践活动案例评选一等奖；胡美平、叶敏仪、李彩凤、卢嘉欣等老师获市精品中考专题复习资源评比一等奖；刘利玲、朱锡涌、李晶、徐凤仪、陈晶、郭振维、姚丹丹、邱丽云等老师在2018第二届"学创杯"全国智慧教室创新应用大赛中荣获一等奖，还有一大批教师荣获各级别教学奖项。

学生们在教师的指导下参加各级各类学科竞赛，摘金夺银，成绩喜人。

景开想老师带领学生参加中国花式足球赛，获得青少年组第一名和第四名的好成绩，邵胜汝同学荣获中国花式足球锦标赛青少年组冠军；在第十三届创新作文大赛全国总决赛中，我校5人获奖，其中二等奖3人、三等奖2人；在首届中国校园文学奖全国总决赛中，庄卓越同学获得全国二等奖；在东莞市中华经典诵读决赛中，学校荣获东莞市一等奖；道法科组带领学生参加广东省模联比赛获奖多项，刘熠飞同学获广东省模拟联合国决赛二等奖；在全国青少年车辆模型竞赛中，学校车模社团队员获得全国一等奖1项、全国二等奖3项，初一级的石头同学获得全国冠军；在东莞市车辆模型竞赛中，学校车模社团队员获得市一等奖4项、二等奖3项、三等奖3项，连续五年保持初中组最好成绩；李尚轩同学在高展鹏老师的指导下参加全国青少年信息学奥林匹克联赛复赛，获广东省赛区二等奖；在2018年东莞市青少年科技创新大赛中，学校学子共夺得市级一等奖4项、二等奖2项、三等奖1项，其中两项发明创造作品上送参加省科技创新大赛，学校获得东莞市科技创新大赛优秀组织一等奖；在省教育厅主办的省创客赛中，学校选送的学生作品《智能看护婴儿床》和《物联管家》分别获得省一等奖和二等奖。

 附：

做向日葵般的幸福教师
——2018年教师节校长寄语

亲爱的老师们：

大家好！

白露已过，秋意未浓，2018年的教师节悄然而至。不知不觉间，松山湖实验中学第一个三年轮回在大家的辛勤付出中画上了圆满的句号。我们惊喜地发现，时光不会亏待每一个努力前行踏实追梦的实中人！桃李不言，下自成蹊。我校首届中考成绩在全市同类学校中名列前茅，创造教育特色和素质教育成果得到教育界的高度关注，社会各界对学校办学业绩也交口称赞。更值得铭记的是，作为创业者，我们一起参与并见证了松湖实中这所"具有创新活力的幸福学校"的成长与壮大，我们将"乐学求是、守正出新"的种子扎根在每一位实中学子的心田。我们欣喜地看到，松湖实中的学生因为我们的存在而倍感幸福，因为我们的付出而创造更多的精彩。请允许我为大家点赞、为大家喝彩！

亲爱的老师们，我们是最普通的基础教育工作者，每天早起晚睡、精心教书、潜心育人，用真情和耐心陪伴着学生，就这样日复一日、年复一年。我们做的是太阳底下最光辉的事业，我们的一言一行、点点滴滴都在无形中塑造着学生的品格，成就着学生的未来。每一天平凡的工作因为我们不懈追求的教育理想而伟大。我深深知道，实中人在"做教育改革先行者"这条路上，绝大多数时候是孤独求索、倾心付出、无人喝彩的，但是我愿意和大家一起砥砺前行、执着进取！我们坚持着、努力着，就会逐渐看到越来越美丽的教育风景和越来越精彩的教育未来！

亲爱的老师们，我喜欢向日葵，因为它永葆初心、纯净澄澈、向着阳光。我真心希望我们实中的每一位老师都如向日葵般，有格调雅致、明辨是非的审美品位，有见贤思齐、精益求精的工作品位，有高贵纯净、思想深邃的阅读品位，有坚持向善、力争上游的人生品位……我希望和大家一起，用信心承担压力，用潜能迎接挑战，在平凡的工作中放飞希望、追逐梦想，在未来行走的岁月里坚守信念、自带阳光，每天绽放出最真、最美的笑颜。

亲爱的老师们，我们每一个人都是松湖实中最宝贵的财富，我们每一个人富有创造性的教育实践成就松湖实中最美的"芳华"。我衷心希望每一位老师自信豁达，生活幸福快乐，做一名像向日葵般有追求、有品位的幸福教师。

祝愿大家身体健康、工作顺利，教师节快乐！

您的同行者：万飞

2018年9月10日

第三节 组织教育沙龙，分享实践经验

教育研究要走向"田野"，实现"从实践中来，到实践中去"，并走近一线教师，沙龙无疑是一种极富开放姿态的方式。在这一方小小的交流天地里，思想与智慧发生精彩的碰撞，实践与探索实现亲密的交融，这不仅是经验交流的平台，也是学术研究的论坛，还是教师风采展示的舞台。为了提高教师的反思能力与创新能力，培养创造型教师，学校从创办之初就组织教育沙龙，发挥其作为非正式组织的积极作用，引导教师把教育教学中出现的问题、阅读中形成的思考带到沙龙中进行研讨，帮助教师解决教育教学中的困惑，找到解决实际问题的办法，让教师在相互的交流中互相启迪思维、分享经验，把教育的境界和育人的水平带入更为辽阔、高远的新境界。[①]

一、制定规则开展高效对话

学校的教育沙龙取名为"松知沙龙"，是从读书沙龙起步的。2015年1月22日晚，学校教师举行了第一次读书沙龙，就最近阅读的一本享誉教育界的好书《教师的挑战——宁静的课堂革命》交流了读书心得。

紧接着就对教学实践的问题展开了研讨。2015年4月16日，沙龙讨论的主题是"自主合作，精心导学——导学案的开发与应用"。首先，教师们就数学科组凌波老师上的一节智慧课堂过关展示课做了点评和交流。大家一致认为，这节课较好地实现了信息技术与课堂教学的融合：把微课、导学案等相关教学

---

① 王小英.借助教育沙龙,盘活心中库存［J］.教育科研论坛，2015（1）.

资源嵌入课堂；多元互动的教学方式，注重学生思维的培养；从情境中发现问题，在探索中暴露思维过程，形象生动，有趣高效，最大限度地还课堂时间给学生；体现了导学在先、教学在后、先学后教的教学模式。其次，教师们就导学案的编写与使用各抒己见。

理想的教育沙龙应该是一种高效的对话。几年来，学校一共举办了二十几场教育沙龙活动，逐渐形成了通过沙龙开展教育教学对话的良好氛围，也形成了沙龙的规章制度，比如沙龙主题的制定、沙龙主持人的资料准备、沙龙参与者的思辨预热，为参与者对研讨主题提出独特观点做好了制度上的准备。还制定了沙龙研讨的对话规则，即让讨论者明白自己介入讨论的适当时机和正当权利。在认真倾听、明晰他人观点、做出理性评估之后，再进行适时的发言。制定了沙龙对话的平衡规则，即每一个人的观点都得到应有的尊重，意见相左的双方应轮流得到发言权，等等。

二、德育沙龙孕育大爱情怀

学校教育沙龙举办了多期"松知沙龙"德育论坛，让班主任等德育工作者在沙龙实现智慧共享。

例如，学校多名教师参加了全国中小学班主任能力提升与家庭教育指导高级研修班，回来后结合年会论坛上的见闻，分享了自己在学生德育方面的心得体会。王老师注重个体需求，他在班级建设中注重学生个体的发展，也就是满足其需要与被需要，将班级建设的任务分配到每一个人，并在活动中育人。李老师关注学生日常生活，从班级氛围营造方面入手，与大家分享了自己的带班故事，提到作为班主任务必做到细心和耐心，这样才能走进学生内心，让学生接受班主任。周老师分享了班干部培养方面的经验——"让学生成为班级的主人"，使得"人人有事做"，把学生放在最合适的位置培养。陈老师向大家讲述了一个调皮学生的感恩故事，提出要做一位"心中有爱、手中有尺、眼中有光"的老师，发现每个学生身上的闪光点。陈玉纯老师指导学生写反思日记，她根据自己的批阅经验，将学生的每日反思分为"话痨""有变化""忧郁深沉"三类，并提出根据不同类别的学生，要抓住成长点做出不同反馈。

📖 案例

"我和班级孩子们不得不说的追梦故事"班主任沙龙精彩发言

如果要让班级自如运转，一份有效的班规就犹如护航的启明灯。班规的制定要与学生共同商讨，需要有仪式感。让每个学生在阅读后郑重承诺并署名，这样学生会有更强烈的使命感。与此同时，有趣的奖惩会让学生更容易养成良好的行为习惯。当然，班规的执行最终需要的是班委的齐心协力及班主任的重视。

——钱韦嘉

作为一名班主任，我将自己定位为与学生"共同奋斗的追梦人"。始于和美，陷于才华，忠于人品，希望班级所有学生团结友爱、各展所长，培养美好品德。前期班风树立、规范管理、细致塑型，中期在各活动中磨合，形成团结、积极、热烈的班风。班干部的培养要注重责任到人、定期开会、适当放手、自主管理。

——李佩佩

爱因斯坦曾经说："在你离开学校后忘记学到的一切，最后剩下的就是教育。"我们常说教育无痕，而班级活动可以将这一切化为无形。班级活动有利于班集体凝聚，提升学生的班级荣誉感，为不同学生提供个性发展的平台。为了更高效地组织好班级活动，班主任可以尝试"四会"以及"四多"。作为班主任，我们需要不断学习、虚心请教，方可遇见更加优秀的自己。

——朱锡涌

与科任教师的配合主要在于"借力"和"感恩"：班级不是一个人的班级，要通过与科任教师的完美配合，全方位、多角度地了解学生，共同管理班级；感恩则是对科任教师常怀感恩之心，同时不断教育学生感恩老师的辛勤付出，达到师生之间的完美互动。

——朱栗叶

家校沟通需借助家委会的力量，取得家长的信任；通过学生影响家长；多表扬学生，提出学生身上需要改进的地方，并寄予希望；达成共识，通力合作。教师幸福的真谛来自四个方面：课堂、学生、教研和同事。教师应该掌控课堂、关爱学生、专注教研、团结同事。最后，推荐全体教师阅读《做一个幸福的教师》一书，努力做一位幸福的教师。

———杨山青

三、松知论坛凸显教育品牌

松山湖实验中学的教育沙龙形态是多样的，在不断成长。从最初的读书沙龙，到后来的教学沙龙、德育沙龙，从最初的促进青年教师成长的松实论坛，到后来形成具有品牌效应的松知沙龙、松知论坛，体现了这是一个有活力、充满朝气的非正式组织，是教师的精神家园，是学习型教师团队创造性发展的成果。

 案例

第一期"松实谈"开讲辞

国于松湖之滨，宜若游眺饮射赋咏歌呼。适湖山之观，怀弄潮之心，得天下英才而教育之，君子之乐也。然人事之宜然，不可得而知也。君子既立身庠序，数载之后，何恃以长久，而况闻达于杏坛乎？若非执策读之，琅琅达旦，积识成智，常图所难，备所可畏，何以为后生称贤耶？故师之智者，怀若虚谷，岂特百倍于湖而已哉？

今松实谈既立，此乃君子受绳就砺之秋，积土成山之会，可不勖哉！结乎初心，志意充然，登云之志何托？唯余松实谈矣！

2019年4月19日，东莞松山湖"未来教育"学术研讨会暨松山湖实验中学创建品牌学校"松知论坛"举行，中国教育科学研究院的专家、高等院校的教授学者、省内外教育同仁、学生家长等1200多人齐聚一堂，共同探讨教育未来。

这次以"松知"命名的教育论坛和教育沙龙汇集各界精英，凝聚多方智慧，共同探讨未来教育，启迪思维、拓宽视野，更好地描绘松山湖未来教育实验区的发展蓝图，也让我们看到了教育沙龙由小而大，成长为松山湖实验中学一个品牌的魅力。

第四章

建设技术融合的智慧课堂

　　国家督学成尚荣教授指出："课堂教学改革就是要超越知识教育，从知识走向智慧，从培养知识人转为培养智慧者。要用教育哲学指导和提升教育改革，就是要引领教师和学生爱智慧、追求智慧。"因此，让智慧唤醒课堂，让智慧引领教师专业成长，是时代的呼唤，是教师专业成长的需要，是课堂教学焕发生机与活力的契机，也是新时期教育教学改革的重大使命。

第一节　智慧课堂的理念与原则

《东莞市教育事业发展"十三五"规划》指出：要以"智慧课堂"为着力点，深化中小学课堂教学改革，最大限度地激发教学智慧和学习智慧，打造以提升学生学习能力为主要导向的智慧课堂，创新慕课、微课等教学模式，不断提高学生的学习能力与创新品质。

创造教育下的"智慧教育"项目，是松山湖实验中学实现创造教育理念、达成师生发展目标的最核心路径。智慧课堂是学校创造教育课程体系的重要实施途径，是学校创新学科教学的重要载体。办学五年多，学校探索的"智慧课堂"一步步升级，从最初的智慧课堂1.0版本到智慧课堂2.0版本，再到探索走向深度学习，培养学生高阶思维的智慧课堂版本，始终坚持以"学习者"为中心，不断探索信息技术与学科教学深度融合的方法，不断创设高效课堂生态以实现培养学生创造思维能力的教育追求。

当前，学校对理想的课堂生态的追求进入"走向深度学习的智慧课堂"阶段。走向深度学习的智慧课堂以问题导学为基础，以信息技术为载体，实现以下四个功能：一是借助平台，拓展学习空间；二是协作赋能，促进深度学习；三是鼓励质疑，提升思维品质；四是借助数据，实施精准评价。五年多的智慧课堂实践历程，学校始终坚持以"学习者"为中心，通过富有创造性的教与学，不断满足学生的个性化成长和智慧发展。

智慧课堂的概念有两种视角的理解：一是教育视角。新课程理念认为，课堂教学不是简单的知识传授或学习的过程，而是师生情感与智慧融合的过程，智慧课堂的根本任务是"开发学生的智慧"，智慧课堂的概念是相对于知识课堂而言的。二是信息化视角。指利用先进的信息技术手段实现课堂教学的信息化、智能化，构建富有智慧的教学环境，这是相对于使用传统教学手段的"传统课堂"而言的。上述两种视角的认识又是紧密关联，利用信息技术创设富有智慧的课堂教学环境，其根本目的也是促进知识课堂向智慧课堂转变，实现学生的智慧发展。基于上述两种视角，松山湖实验中学积极开展"基于学为中心，问题导学"和"基于信息技术与学科教学深度融合"的智慧课堂实践。

一、基于学为中心，问题导学

教育要以人为本，那么学生就应当成为课堂上真正的主人。智慧的课堂必然具有鲜明的学生主体性特征。智慧之可教，事实上是一种创设与提供，创设一种有利于学生智慧生成的课堂生态，提供一种有利于学生智慧生成的时空与土壤，让学生在自由的生态与宽松的时空中实现自主与主动学习，推开自己的智慧之门。

智慧的课堂一定也是思维碰撞的课堂。思维是学科的核心，是课堂的内核，启迪思维是智慧课堂的一种追求、一种表征。智慧的教师对课堂中的思维活动情有独钟，总是通过问题引领，努力构建一种充满浓郁"思维文化"的课堂环境。课堂上经常激起学生思维的火花是智慧课堂的重要表现形态。教师在课堂上要传授知识，但是不能止于知识，而应将知识转化为智慧，做到转识成智，使学生的智慧得到成长。

智慧课堂要体现的一个显著变化就是"以学为中心"。其特征可以概括为四个方面：一是以学定教，根据学生的学来选择教学内容，展开教学环节；二是以教导学，从学出发，把引导学生更好地学作为教的需要，教师的教导不断转化为培养学生的独立学习能力；三是以学促学，以学习促进学习的提高和发展，促进学生更好地学；四是自学为主，引导学生借助已有知识获取新的知识，形成"想学—愿学—学会—会学"的良性循环机制。

同时，智慧课堂最鲜明的特质是以"问题"为导向，以"思维"为核心。把问题作为教学的出发点，根据学生的认知特点，设计合理的教学悬念，在问中学，在学中问。激发学生的思维动机，诱发学生的思维火花，实现师生间与生生间思维的互动，着力培养学生解决问题的理性思辨和创造性思维。思维力的发展是学生智力发展的核心和极其重要的标志。正如美国心理学家斯腾伯格所说："教育最重要的目标就是引导学生的思维，这也是教育最令人欢欣的目标。"

二、基于信息技术与学科教学深度融合

随着"互联网+"时代的到来，物联网、大数据、云计算、移动互联网等新一代信息技术的迅速发展并在学校教育教学中的广泛应用，信息技术与学科教学的融合不断深化，智慧课堂是信息技术与课堂教学深度融合的新阶段、新形态，其目的是基于动态学习数据分析和"云+端"的运用，实现教学决策数据化、评价反馈即时化、交流互动立体化、资源推送智能化，构建大数据时代的信息化课堂教学模式。通过智慧的教与学，促进全体学生实现符合个性化成长规律的智慧发展。

大数据时代技术支持的智慧课堂具有以下主要特征。

1. 基于数据的课堂

传统课堂依靠教师的个人教学经验对课堂上学生的学习行为进行判断并制定教学决策；智慧课堂根据学生学习行为大数据挖掘与分析调整教学策略，用直观的数据了解学生对知识掌握的水平，在课堂教学中实现了基于数据的教育新形态。

2. 高效教学的课堂

利用现代信息技术打造智慧学习环境，用大数据构建高效课堂，大大提高课堂教学效率，如通过情境感知、数据挖掘等方法可以提前预知学生潜在的学习需求。在智慧课堂中，学生通过资源订阅和智能推送的方式第一时间获取最新的学习资源，实现了教与学的立体沟通与交流。

3. 合作探究的课堂

依据知识构建的需要，智慧课堂采取小组协商讨论、合作探究的学习方式。协作群组服务能够帮助有相同学习需求和兴趣的学生自动形成学习共同体，就某个问题开展深入的互动交流，有利于实现对所学知识的意义建构。

4. 动态开放的课堂

"动态生成"是新课标提倡的一个重要理念。课堂本质上是一个动态开放的系统，随着互联网、移动互联等新兴信息技术在课堂教学中的应用，课堂系

统超越了时空限制。智慧课堂不是忠实地、封闭地传递和接受知识，而是鼓励课堂创新与开放，鼓励生成，积极为学生激发创新、发展智慧提供有利条件。

5. 教学机智的课堂

课堂教学是千变万化的，再好的预设方案也不能预见课堂上可能出现的所有情况。智慧课堂要求教师要有随机应变的能力，根据教学进程中出现的新情况，基于动态学习数据分析和即时反馈，采取机智性行动，及时调整课前的教学设计，优化和改进课堂教学进程。

综上所述，智慧的课堂教学必须以学生为主体，以学习为主线，运用新技术、新媒体重构新课堂；以创新为手段，体现信息化运用的个性化；以高效为目的，塑造与生成智慧型教学范式。

智慧课堂的探索是一个崭新的课题，必须以创新的精神，脚踏实地地实践，坚持对智慧课堂的求索，才能形成一种自我属性的课堂体系。

第二节　智慧课堂的教学模式

智慧课堂教学模式即基于智慧课堂信息化环境的教学活动模式。智慧课堂教学模式，是在智慧教学理论指导下，基于智慧课堂信息化环境展开的教学活动进程的稳定结构形式，是开展智慧课堂教学活动的一套方法策略体系。本节在简要介绍教学模式一般概念的基础上，讨论了智慧课堂教学模式的概念和内涵，阐述了智慧课堂教学模式的特点和构成要素，进而重点探讨了智慧课堂的互动式教学模式、探究式教学模式、生成性教学模式和混合式教学模式四种典型的教学模式。

一、智慧课堂教学模式概述

（一）教学模式的概念及内涵

教学模式源于模式在教学领域的应用。"模式"一词是英文"model"的汉译名词，"model"也译为"模型""范式""典型"等，一般是指被研究对象在理论上的逻辑框架，是经验与理论之间的一种可操作性的知识系统，是再现现实的一种理论性的简化结构。在《现代汉语词典》中，"模式"一词的解释是某种事物的标准形式或使人可以照着做的标准样式。可见，"模式"原本的含义就有范式、可供模仿的意思。模式具有简约性、整体性、操作性、有效性、中介性和开放性等特征。

最先将"模式"一词引入教学领域，并把教学模式作为一个正式的科学概念的是美国学者乔伊斯和韦尔。他们于1972年在《教学模式》一书中写道："教学模式是构成课程和作业、选择教材、提示教师活动的一种范式或计划。"目前他们的《教学模式》已经出版到第八版，对教学模式的概念及应用也有了深入系统的研究。乔伊斯和韦尔将"模式"一词引入教学理论中，是想以此来说明在一定的教学思想或教学理论指导下建立起来的各种类型的教学活动的基本结构或框架，表现教学过程的程序性的策略体系。

我国学者对教学模式的研究一直很重视，在20世纪90年代形成了一股热潮。四川省社会科学院查有梁教授先后出版了《教育模式》《教育建模》《课堂模式论》等著作，他认为教学模式是在教学理论的指导下，抓住教学的特点，对教学过程的组织方式做简要概括，以供教师在教学实践中选择、组合、变换、重构。

我国著名教育信息化专家、北京师范大学何克抗教授认为，教学模式是指在一定的教育思想、教学理论和学习理论指导下，在某种环境中展开的教学活动进程的稳定结构形式。华南师范大学李克东教授认为，教学模式是指在一定的教育思想、教育理论和学习理论指导下，在某种教学环境和资源的支持下的教与学活动中各要素之间稳定的关系和活动进程的结构形式。在这里，构成教学模式的基本要素有理论基础、教学的资源与环境教学活动及各要素的相互关系、教学活动进程结构。

综合以上分析，教学模式的含义是在一定教学思想或教学理论指导下建立起来的较为稳定的教学活动结构框架和活动程序。作为结构框架，突出了教学模式从宏观上把握教学活动整体及各要素之间内部的关系和功能；作为活动程序，则突出了教学模式的有序性和可操作性。因此，教学模式是在特定的条件下，为了获得某种教学结果，将多种具体教学方法综合运用而形成的模式，是在一定的教育思想、教学理论和学习理论指导下，在某种环境中展开的教学活动进程的稳定结构形式。

（二）教学模式的应用特征

教学模式作为教学活动的基本结构和框架，有许多学者对其特点进行了分析。这里从模式应用的视角来描述其基本特征。

1. 理论与实践的中介

教学模式是能为各学科教学提供具有一定理论依据的模式化的教学法体系，从而使教师摆脱只凭经验和感觉进行实践摸索教学的状况，搭起了一座教学理论与教学实践之间的桥梁，发挥着中介的作用。

一方面，教学模式来源于实践，是对一定具体教学活动方式进行优选、概括、加工的结果，是为某一类教学及其所涉及的各种因素和它们之间的关系提供一种相对稳定的操作框架，这种基于实践的框架的内在逻辑关系已经具备了理论层面的意义；另一方面，教学模式实际上又是某种理论的简化表现方式，反映了其依据的教学理论的基本特征，使人们在头脑中形成一个比抽象理论具体得多的教学程序性的实施程序。教学模式的构建便于人们对某一教学理论的理解，也是抽象理论得以发挥其实践功能的中介。

2. 具有针对性、具体化、可操作化

任何一种教学模式都是针对一定的教学目标，而且其有效运用也是需要一定的条件，因此不存在对任何教学过程都适用的模式，或者说不存在最好的一种教学模式。评价最好的教学模式标准是在一定的情况下最有效地达到特定目标。因此，实践过程中在选择和应用教学模式时，必须注意不同教学模式的特点和性能，注意教学模式的目标指向性和达成性。

同时，教学模式是一种具体化、操作化的教学思想或理论，把某种教学理论或活动方式中最核心的部分用简化的形式反映出来，为人们提供了一个比抽象的理论具体得多的教学行为框架，具体地规定了教师的教学行为，使得教师在课堂上有章可循，便于教师理解、把握和运用。

3. 体系完整性和相对稳定性

教学模式是在大量教学实践活动基础上进行的理论概括，在一定程度上揭示了教学活动的普遍性规律。教学模式是教学现实和教学理论构想的统一，所以有一套比较完整的结构和一系列的运行要求，体现着某种形式的理论体系和过程结构，而且这种结构所提供的程序对教学起着普遍的参考作用，并具有一定的稳定性。

由于教学理论和教学思想是一定社会的产物，受到一定历史时期教育方针和教育目的的制约，因此教学模式的稳定性又是相对的。在具体的教学运用过程中必须考虑到学科的特点、教学的内容、现有的教学条件和师生的具体情况，进行方法策略上的调整，以体现对学科教学特点的主动适应和灵活应用。

与教学模式概念紧密相关的还有教学结构、教学方法等，要正确把握教学模式的内涵，还必须弄清它们之间的关系。[①]

何克抗教授指出：所谓教学结构，是指在一定教育思想、教学理论、学习理论指导下，在某种环境中展开的，由教师、学生、教材和教学媒体这四个要素的相互联系、相互作用形成的教学活动进程的稳定结构形式。教学结构直接反映出教师按照什么样的教学思想和理论来组织自己的教学活动进程，是教育思想、教学理论、学习理论的集中体现，也是教学系统中各要素相互联系和相互作用的具体体现。

传统教学系统的结构由"教师、学生、教材"三个要素组成。随着计算机和网络的不断发展和普及，以及在教学活动中不断探索和应用，教师逐渐认识到教学媒体在达成教学目标、拓展教学内容、优化教学过程和改变教学方式等方面起着越来越重要的作用。因此，作为教学结构的要素由原来的三要素改变为"教师、学生、教学内容、教学媒体"四要素，教学媒体在教学中发挥的作用越来越明显，同时在实际教学应用中展现出巨大的发展前景和发展空间。

教学结构与教学模式的概念含义是有区别的。教学结构是客观的，其各个要素之间存在着相互作用、相互依存的关系，受一定构成规律的制约。而教学模式带有较多的主观性，是教师和学生在对教学理论、教学规律认识的基础上，在教学实践中结合实际具体的教学进程、结构分析所探索和构建出来的。因此，教学模式不等同于教学结构。

所谓教学方法是指为达到既定的教学目的，同时为了实现既定的教学内容，在教学原则的指导下进行的教师和学生相互作用的活动方式和措施。在教学实践中，教学方法是教师和学生为了实现共同的教学目标，完成共同的教学任务，在教学过程中尽可能采用的一切手段、途径和办法。教学方法既包括教师教的方法，同时也包括学生学的方法，是教与学的统一。

教学方法与教学模式的概念密切相关。正如我国著名教育家叶澜教授所指出的，教学模式俗称大方法，不仅是一种教学手段，而且是从教学原理、教学内容、教学的目标和任务、教学过程，直至教学组织形式的整体、系统的操作

---

① 高凤芬.关于教学模式与教学结构关系的评价和反思［J］.软件导刊（教育技术），2011（5）.

样式。这种操作样式是理论化的。如前文所述，教学模式是在一定教学思想指导下建立起来的，为完成某一教学任务而运用的比较稳定的教学方法的程序及策略体系，由若干个有固定程序的教学方法组成，或者说至少是两种以上方法策略的组合运用。每种教学模式对教学方法的运用和教学实践的发展都有很大影响。

4. 教学模式与教学结构、教学方法的关系

教学模式与教学结构、教学方法三个概念之间既有联系，也有区别。从结构性和操作性强弱的视角来分析，可以看到教学结构、教学模式与教学方法处于三个不同的层次，三者形成了教学系统的要素结构和方法手段的层次关系。

教学结构处于最上层，从宏观上反映了教学系统四要素的总体结构关系，反映了一定教育教学理论的核心要素在教学中所展开的动态进程；教学模式处于中间层，是教学结构在学科教学中的具体体现，同一教学结构在不同的学科领域因为其教学目标、教学内容和教学环境不同，需要不同的学科教学模式，展开具体的教学进程；教学方法处于最低层，是教学实施过程中的具体策略、方式和手段，在同一教学模式下，可以采用多种具体的教学方法，反之同一教学方法也可用于多种教学模式中。

二、智慧课堂教学模式的概念与内涵

智慧课堂教学模式即基于智慧课堂信息化环境的教学活动模式，是相对于传统课堂教学模式提出的一种新型信息化教学模式。我国中小学教学实践中长期以来普遍采用的教学模式是"传递—接受"模式，其基本教学程序是"激发学习动机—复习旧课—讲授新知识—巩固运用—检查评价"。

教学过程中包含教师、学生、教学内容和教学媒体四个要素之间的相互关联及相互作用。在传统教学模式下，教师是知识的传授者，学生是知识的被灌输对象，教材是教师向学生灌输的内容，教学媒体则是教师向学生灌输知识的方式和手段。

传统教学模式以教师为中心，强调教师在教学中的主体地位，有利于教师对课堂教学进行组织、管理和控制，而学生在学习阶段的主要任务是要消化和吸收教师所讲授的内容。

随着信息技术的发展以及在学校教学中的广泛应用，中小学教学实践提出和采用了信息化教学模式。信息化教学模式是教学模式在信息化条件下的新发展。所谓信息化教学模式，就是指在现代教学思想和理论指导下，教师和学生之间运用现代教育媒体形成的较为稳定的教学策略、结构和程序的活动范型。信息化教学模式是符合现代教学思想的新型教学模式，以信息技术的支持为特征，并涉及现代教学观念的指导和现代教学方法的应用。

信息化教学模式是根据现代化教学环境中信息的传递方式和学生对知识信息加工的心理过程，充分利用现代教育技术手段的支持，调动尽可能多的教学媒体和信息资源，构建一个良好的学习环境，在教师的组织和指导下，充分发挥学生的主动性、积极性、创造性，使学生真正成为知识信息的主动建构者，达到良好的教学效果。

智慧课堂教学模式是基于智慧课堂信息化环境实施的信息化教学模式，是符合建构主义等现代教学思想的新型教学模式，也是信息化教学模式的一种提升和发展。智慧课堂教学模式以建构主义学习理论为指导，以"云—台—端"信息化平台为依托，努力打造智能和高效的课堂。智慧课堂教学开展课前、课中、课后全过程教学应用，实现教学决策数据化、评价反馈即时化、交流互动立体化和资源推送智能化，建设有利于协作交流和意义建构的良好学习环境，通过智慧高效的教与学，促进全体学生实现符合个性化成长规律的智慧发展。

概括地讲，智慧课堂教学模式的基本范式就是云端建构、先学后教、以学定教、智慧发展。在智慧课堂教学模式下，教学活动要素之间的关系发生了改变，学生的主体地位得到强化，有利于发挥学生学习的主动性、积极性和创造性，促进学生的个性化成长和智慧发展。智慧课堂教学是以建构主义学习理论为指导，以"云—台—端"信息化平台为基础的新教学体系，包括教学观念、教学内容、教学资源、教学媒体、教学方法和教学评价等一系列的变革与创新。智慧课堂信息化环境下的教学既是对一般信息化教学的继承和发展，同时也是对智慧教育理念下教学新模式探索与建构的过程，是将现代学习理论、各类教学模式的结构成分与现代信息技术应用之间"整合"和"融合"的过程。建构主义学习理论为智慧课堂教学模式的提出奠定了理论基础，新一代信息技术为智慧课堂教学模式的发展提供了丰富的资源、工具以及交流合作平台。

三、智慧课堂教学模式的主要特征

与传统教学模式和一般信息化教学模式相比，智慧课堂教学具有六个方面的特征。

1.遵循建构主义理论

智慧课堂构建的基本理念，是依据建构主义学习理论进行顶层设计的。建构主义学习理论是互联网时代的核心教育理论，是网络环境下教育教学设计的核心理念，为智慧课堂的构建奠定了坚实的理论基础。智慧课堂以建构主义学习理论为指导设计课堂教学模式和教学环境，能够贯彻"以学生为中心"的核心思想，准确把握情境创设、协商会话、信息提供等关键要素，提高学生的主体地位，激发学生的学习兴趣和主动学习意识，促进学习者主动建构知识意义。

2.强调以学生为中心

智慧课堂教学利用"互联网+"的动态学习数据分析评价来实现新的教学模式。这对传统的教学观念提出挑战，必须彻底摒弃以教师为中心、强调知识传授、把学生当作知识灌输对象的传统教学模式，突出"以学生为中心"的地位，将学习的自主权还给学生，让学生成为学习的主人。在整个教学过程中，教师要由知识的传授者和灌输者转变为学生主动建构意义的帮助者和促进者，利用情境、协作、会话等学习环境要素，充分发挥学生的主动性、积极性和首创精神，让学生主动思考、主动探索、主动发现，最终达到促进学生主动学习和发展的目的。

3.构建智能学习环境

在智慧课堂的支撑技术上，核心是物联网、云计算、大数据和人工智能等技术的应用，构建信息化、智能化的学习环境。采用现代化的分析工具和方法，对教学过程中生成的海量数据进行加工、挖掘和分析，基于数据处理和分析进行教学决策，区别于传统的教学评价模型和方法。同时，智慧课堂采取"云——台——端"的服务方式部署其智能化服务平台，通过教室内多种终端设备的无缝连接和智能化运用，打破了传统意义上教室的黑板、讲台和时空概念，使传统课堂布局、形态和环境均发生了重大变革。

4. 技术支持的教学策略

智慧课堂是依据建构主义学习理论构建的，建构主义教学模式目前已开发出比较成熟的教学策略，主要有支架式教学、抛锚式教学、随机进入教学等。[①]现代信息技术的发展及其在智慧课堂教学中的应用，能够非常好地满足建构主义对教学环境和策略提出的较高要求。基于智慧课堂的信息化环境，利用当今多种新媒体、智能设备和数据分析技术等，探索和运用多种技术支持的教学策略，提升了教学决策、评价反馈、交流互动和资源推送的能力，增进了课堂学习的交互与协作，增进教师与学生之间、学生与学生之间的沟通交流，有利于开展协作、会话和探究，帮助建构学生知识意义。

5. 过程实施智慧教学

在智慧课堂教学实践中，实施课前、课中、课后全过程的智慧教学应用。智慧课堂信息化平台的运用和动态学习数据分析与评价，为智慧课堂精准化教学和个性化辅导提供了有力的信息支撑。通过课前发布预习材料和作业，及时进行预习测评和反馈，深化学情分析，实现以学定教，优化教学预设；在课中通过推送随堂测验，进行实时检测数据分析，促进教师和学生的互动沟通，及时改进教学策略，调整教学进程，适应学生学习；在课后打破时空限制，基于移动终端，学生可以实现随时随地学习，与老师和同学实现立体化的沟通交流，对课内学习内容进行补充。

6. 促进个性化智慧发展

传统"班级授课制"采取规模化、标准化和统一化的教学方式，难以回应每个学生的个性特征和个性需求。利用动态数据分析与学习评价，教师关注每一个学生个体的学习过程和学习行为，可以精准地获得学生的真实表现状况。基于数据的学习分析为教师提供最为个性化的学生特点信息，在教学过程中因材施教，课后通过多元化、个性化作业推送、批改和评价分析，实施针对性辅导和分层作业。通过智慧的教和智慧的学，使得每个学生都能沿着符合个性化特征的路径成长，得到充分、有效的发展。

---

① 何克抗，林君芬，张文兰. 教学系统设计 [M]. 北京：高等教育出版社，2006.

四、智慧课堂教学模式的构成要素

任何教学模式都有其内在的结构，教学模式的结构是由教学模式包含的诸因素有规律构成的系统。智慧课堂教学模式的构成要素可分为教学理念、教学目标、学习环境、教学程序、教学方法和教学评价，这六个要素之间有规律地联系着，就是智慧课堂教学模式的结构。

1. 教学理念

教学理念是建立教学模式的教学思想或理论基础，任何教学模式都是在一定的教学思想和理论（教学理论、学习理论等）指导下提出来的。不同的教学理念下往往引出不同的教学模式。比如信息加工教学模式的理论依据是信息加工的理论，获得模式和先行组织模式的理论依据是认知心理学的学习理论，而情境陶冶模式的理论依据则是人的有意识心理活动与无意识的心理活动、理智与情感活动在认知中的统一。智慧课堂教学模式是建立在建构主义理论基础之上的一种教学模式，是建构主义理论在智慧教育教学中的一种具体应用。

2. 教学目标

教学目标是在教学活动过程中根据课程的实施方向和预设的目标达成的结果，既是一切教学活动的起点，也是终点。任何教学模式都指向一定的教学目标，不同的教学模式是为一定的教学目标服务的。在教学模式的结构中，教学目标处于核心地位，并对构成教学模式的其他因素起着制约作用，决定着教学模式的操作程序和教师与学生在教学活动中的组合关系。正是教学模式与教学目标的内在统一性，决定了不同教学模式的个性。例如，在智慧课堂教学模式中，科学探究教学模式结构的教学目标是通过科学探索和研究分析，培养学生解决科学问题的能力；自主式教学模式结构的教学目标基于信息化教学环境，培养学生自我认识、自我实现和自我教育的能力。

3. 学习环境

学习环境是教学模式的条件因素，是指为完成一定的教学目标，从而使教学模式发挥效力的各种条件。学习环境是智慧课堂教学模式不可或缺的因素。智慧课堂教学模式是基于信息技术的教学模式，信息技术已经从单纯的辅助工具转变为支持学生学习的环境条件。任何教学模式都是在特定的学习环境下才能有效。条件因素包括的内容很多，有教学资源、教学手段、教学环境、教学时间等。智慧课堂是基于"互联网+"的思维方式利用物联网、云计算、大数据、人工智能等智能信息技术构建的，数字化教育资源、信息化教学平台、智能化管理系统、数据化决策分析系统以及各种移动智能终端，为智慧课堂教学提供了智能高效的学习环境，形成了智慧课堂教学模式的特色。

4. 教学秩序

教学程序是指教学活动的展开过程，使得教学模式具有可操作性。任何教学模式都有其特定的逻辑步骤和操作程序，具体详细地说明在教学活动中师生先做什么、后做什么、各步骤应当完成的任务，表现为教学活动的开始、发展、变化和结束在时间上连续展开的程序结构。例如，赫尔巴特教学模式的操作程序分为明了、联想、系统、方法四个阶段或步骤，杜威提出的实用主义教学模式结构的操作程序分为情境、问题、假设、解决、验证五个阶段或步骤。在智慧课堂生成性教学模式中，教师根据一定的教学要求和学生自身的特点，基于智慧课堂信息化平台，借助各种信息资源和技术手段，指导学生通过自主学习和合作探究，强化对学习内容的认知，促进自主意义建构，发展自身技能。

5. 教学方法

教学方法是教师和学生为了实现共同的教学目标，以及完成共同的教学任务，在教学过程中运用的方式与手段的总称，既包括教师教的方法，也包括学生学的方法。教学方法是教学模式中的基本要素，是实现教学目标不可缺少的手段。针对不同的教学模式会采取不同的手段和方法，从而更好地完成目标。在智慧课堂教学中，教师利用各种新媒体、新技术和丰富的信息资源，开发应用各类信息系统和教学手段，提供多样化的教与学方法。例如，在教的方法上，目前常用的主要有发现式教学、导学式教学、讨论式教学、个别化教学、情境化教学等教学方法；在学的方法上，主要有自主式学习、协作式学习、体验式学习和游戏化学习等学习方法。

6. 教学评价

教学评价是依据教学目标对教学过程及结果进行价值判断并为教学决策服务的活动，是对教学活动现实的或潜在的价值做出判断的过程。课堂教学评价是促进学生成长、教师专业发展和提高课堂教学质量的重要手段。

教学评价是教学模式的一个非常重要的因素，包括评价标准、评价方法和评价反馈等。教学评价包括教师教学工作评价和学生学习效果评价，如评估教师的教学设计、组织、实施等，对学生开展课堂测评、考试与测验等。由于不同教学模式的教学目标、使用程序和条件不同，评价方法和标准也就不同。智慧课堂信息化平台为课前预习测评、课中实时测验、课后作业评价和考试评价等提供了方便高效的手段，有利于构建全过程动态学习评价模式。

五、互动式教学模式

（一）互动式教学模式的含义

所谓互动是一种使对象之间相互作用而产生彼此积极改变的过程。互动式教学模式是指教师"教"和学生"学"相互作用而产生积极改变的整体性过程，是一个动态的、发展的、教与学相互统一、相互影响和相互活动的过程，具体表现为"教"和"学"之间相互联系、相互促进、有序发展的整体性活动。在这一活动中，通过调节师生关系及其相互作用，形成和谐的师生互动、生生互动、师生与教学内容互动、师生与教学媒体互动，从而产生教学整体协调、有序发展的教学模式。

互动式教学是相对于"灌输式""讲授式"等传统课堂教学模式而言的。随着素质教育的不断深化和新课程改革的实施，课堂教学产生了深刻的变化。传统的课堂教学受应试教育的影响，课堂上满堂灌，实质上是一种灌输式教学，教师单向传授，学生处于被动接受地位。而互动式教学模式顺应了时代的发展需求，对原来的教学方式进行改革和创新，强调在教师教学过程中学生的主动参与度，增强了师生、生生之间在教学过程中的互动和相互促进，以培养学生的自主学习意识和学习能力。

智慧课堂的教学互动，是把教学过程看作是一个动态发展着的、教与学统一的、相互影响和相互活动的过程。具有强大的互动交流能力是信息化环境下智慧课堂的核心标志。互动教学模式也只有与信息化相结合，才能在未来的教学过程中发挥更大的作用。智慧课堂教学互动强调学生是活动的主体，教师是活动的指导者、点拨者和促进者。智慧课堂教学不同于传统的互动教学，它不仅仅是师生之间、生生之间的语言交流讨论，而是借助信息化的学习资源、移动化的学习工具和智能化的应用支撑平台实现课堂内外学生与教师、学习伙伴、信息、资源等多维度和立体化的互动交流，从而促进师生共同成长。在智慧课堂教学中，各种新技术和新媒体的应用，为师生互动提供了先进的技术手段，许多教师教学时会采取这种形式，力图在智慧课堂教学中师生能够真正互动起来。

（二）互动式教学模式基本结构

互动式教学不仅是指在课堂内发生的师生之间各种形式、各种性质和各种程度的相互作用与影响，还包括学校教学的全过程、全系统和全要素的相互作用与影响，例如课前备课活动中的互动、教学实施中的互动、讲评课中的互动、学生作业互动、测验互动、课后辅导互动等。

在智慧课堂教学中，由于各种新技术、新媒体的应用，信息化学习资源更加丰富多样，为师生全过程、多维度互动提供了先进的技术条件，使得课堂教学中的师生互动实现方式发生了很大的变化。互动式教学模式基本结构：学习活动（获取信息预先学习→归纳分析交流探讨→作业测试实时评价→拓展学习巩固提高）、教学过程（导学预设引发启动→探究交流研讨联动→多维强化深化能动→巩固拓展反馈互动）、技术支持（信息提供资料上传→实时检索动态呈现→即时测评智能推送→微课辅导评价反馈）。

（三）互动式教学模式主要环节

互动式教学模式涉及课堂教学的课前、课中、课后教学全过程，涉及学生与教师、学习伙伴、信息、资源等多维度互动，主要包括课前互动、研讨互动、练习互动、课后互动等环节。

1. 导学设计、引发启动

在互动教学中，师生的互动是以教师的启动为基础的。教师在教授新课前进行导学预设，对学生做适当的引导，实施引发启动。基于智慧课堂信息化平台的资源管理与服务系统，可以提供图文并茂、丰富多样的信息，但在互动过程中，学生很容易被过多的信息资源干扰，找不到对课程学习最有利的教学资源，从而分散了学生的学习注意力和精力。因此，教师在推送学习资料时，应注意跟踪观察，采取实时引导、提示、发问等方式，形成在学生获取信息阶段的高效互动。

具体来讲，可以采取以下方法和措施：教师可以在开始实施教学之前或学生查找资料过程中，给学生进行教学资源收集的相关培训，让学生知道在什么地方查找、如何查找、搜索什么关键词等，或者自己制作教学课件、微课视频、VR资源等数字化教学材料，存放在网络上，方便学生浏览学习，让学生归纳自己收集到的信息，形成观点后上传给教师，教师可以通过测试评价信息系统的分析结果，了解学生信息获取、整理、归纳的情况，即时对优点给出肯定，对不足之处给出指导；当学生在预习中遇到疑难问题时，教师需通过电子邮件或其他在线方式给予解答，并以班级为单位利用QQ、微信、微博等社交软件为学生组建学习讨论交流群，以便学生之间形成互动学习。通过以上办法教师实现了引发启动，使课前教学互动过程更为有效，既把控了课前预习进程，又提高了学生信息获取的能力。

2. 探索交流、研讨联动

在互动教学过程中，研究探讨是学生自己建构知识的重要环节，师生联动是教学研究探讨的核心。教师铺设若干符合学生认知规律的问题，放手让学生动手、动脑，探索寻求解决问题的办法，并给学生足够的选择机会和探究时间，引导学生将自我学习阶段发现的问题在课堂上提出并与其他同学分享讨论，让学生在讨论交流中各抒己见、互帮互助、共同提高。通过与同学的交流探讨以及教师的相互沟通和研讨联动，帮助学生形成较为完整的知识认知，同时培养学生的表达能力、合作精神和团体意识。

智慧课堂教学过程中，学生通过信息化平台获取丰富的学习资源和动态信息，传送和展示相关交流信息，就某个问题开展深入的互动交流和探究，通过自己对资料的整理归纳分析和研究探讨，实现对所学知识的意义建构，促进知识内化。例如在研究探讨过程中，学生将不明白的问题通过移动学习终端上传和发布到班级讨论栏，并显示在教室的白板上，便可以通过白板展开讨论。在讨论的过程中，遇到不明白的地方，教师可以指导学生或自己操作示范，现场上网查找相关内容，电脑屏幕可以投放在大屏幕上，学生可以看到查找全过程。这样做的好处，一方面，课堂讨论气氛较浓，人人都参与到讨论中，避免学生只是低头看着自己的移动终端，进行"无声"的交流或干别的事情；另一方面，教师可以了解研究探讨全过程，了解每个学生的情况，可以根据需要随时调整教学方式和进程，寻找适合学生的教学方法和手段。

3. 测评强化、深化能动

测验和评价是课堂教学中及时了解学生学习状况和教学效果的重要手段，也是实现教学互动的关键环节。在互动教学过程中，通过当堂练习、实作、测评、释疑等方法，进一步强化学生探索研讨获取的认知。利用网络信息资源、多媒体展示和虚拟实验等手段，将课程内容制作成各种图文并茂的智能型教学资源，以刺激学生的感官，学生通过软件从视觉、听觉等方面大大提高对抽象原理的理解深度。学生基于网络化、模拟化环境进行多样化的练习、操作和实时测评，并获得实时的作业和测评反馈。教师进行当场总结和答疑点拨，对学生研讨、实践中遇到的问题进行答疑解惑，有利于进一步强化认知和知识内化，培养学生的创新意识和创新能力。

在智慧课堂教学中，随堂测评过程中的互动主要体现在教师通过信息化平台智能推送测评试题，学生通过信息化平台完成测试题并提交答案的过程。信息化平台的测试评价信息系统会自动给出客观题的测试评价结果，即时反馈给学生和教师，用于改进教学。具体来说，智慧课堂信息化平台利用智能终端和基于智能云服务的测试评价信息系统，具有多元分析评价功能，对学生的作业测试进行实时处理和实时反馈，并对全体学生的成绩进行及时的统计分析并生成评价结果。教师可以通过结果分析了解学生对知识的掌握情况，并及时进行错因分析，给出正确答案。随堂测评互动可以在教学过程或教学任务完成后进行，以检验学生对某一知识或整个教学内容的掌握情况，便于教师掌握学生学情，有进行针对性的重点讲解和补充说明。

4. 巩固拓展、反馈互动

在互动教学过程中，巩固和拓展也是互动深化、学习提高的重要环节。巩固和拓展部分既可以是课堂的讲评、复习课，也可以是课后的学习活动。这一环节通过教学互动，展开变式探讨、应用巩固，进行自我体验归纳、总结反思和评价反馈促进知识进一步内化，是互动学习的创新阶段。教师应精选练习题和课外作业，遵循学生的认知心理和知识内化规律，展开变式训练，通过一题多解、一题多变、多题一解，让学生深刻理解知识。应结合实际应用，进行拓展提升训练，并引导学生进行自我总结、自我反思和自我评价，在及时反馈中培养学生解决实际问题的能力，完善自身的认知结构。

互联网信息环境为智慧课堂教学的巩固拓展和学习反馈互动提供了极为便利的条件。基于智慧课堂信息化平台，师生之间、生生之间、学生与教学资源之间通过网上留言、答疑、评价等方式实现多元互动，更好地完成了拓展学习任务。例如，教师基于信息化平台布置课后拓展学习主题和计划，推送个性化辅导和学习的微课，学生基于信息化平台进行主题资料搜索和学习，上传学习成果，师生通过班级学习社区进行主题讨论和交流。互联网使课后拓展阶段的学习形式更加丰富多样，有利于锻炼学生的学以致用和创新能力。如运用信息化网络技术组建虚拟公司，进行虚拟岗位工作，开展项目学习和完成项目任务，使学生在岗位角色和完成任务中全面锻炼自身的能力，培养学生的团队合作和创新精神。

六、探究式教学模式

（一）探究式教学模式的含义

所谓探究式，其本意即探讨和研究，通过探求学问和研讨问题，获取知识和培养素养。探究式教学最早由美国教育家杜威提出，指教学中学生在学习概念和原理时，以问题为导向，通过阅读、观察、实验、思考、讨论和听讲等途径独立探究，自主发现并掌握相应的原理和结论。何克抗教授认为，探究式教学是指在教学过程中，学生在教师的指导下，通过以自主、探究、合作为特征的学习方式，对教学内容中的主要知识点进行自主学习、深入探究，并进行小组合作交流，从而较好地达到课程标准中关于认知目标与情感目标要求的一种教学模式。

探究式教学模式的提出是相对于传统的"传授——接受"式教学而言的，突出以教师为主导，以学生为主体，以探索创新为主线，注重发掘学生的学习潜能，使学生充分参与和体验知识技能由未知到已知、由不掌握到掌握的过程，并在这一过程中学习和培养探究能力，使学生的综合素质得到全面发展。高中课程标准（实验稿）提出了"提高科学素养，在课堂中开展探究性学习"的理念，即通过探究式教学，培养学生的自主科学探究能力，加强学生对科学本质的认识。探究式教学是以学生为主体的、相互促进、积极和有意义的教学方法，学生思维活跃，主动性强，提高了对问题的兴趣，探究效率也得到了极大提高。因此，探究式教学模式符合素质教育和新课程改革的总体目标。该模式使学生始终处于一种积极参与和主动探究的状态，实现知识意义的主动建构，具有优于一般教学方法显著的特点。

探究式教学是智慧课堂教学的重要模式，是基于构建主义学习理论、信息化教学设计理论和教学过程最优化理论实现的新型信息化教学模式。在智慧课堂信息化平台和互联网中，海量的信息以生动直观的方式呈现，多样化的资源情境、案例情境、问题情境和活动情境，都有利于激发学生的学习动机，激励学生积极参与和主动探究。教师利用各种新媒体、新技术创设富有智慧的学习情境，引导学生发现问题、解决问题，让学生通过相关信息资料自主探究，形成自己的概念和认识，提出自己的猜想，构建模型，运用虚拟实验、模拟仿真、数据分析等技术手段，进行独立探究和讨论交流，获得解决问题的方法和技能，培养学生的创新意识和创新能力。

（二）探究式教学模式的基本结构

智慧课堂探究式教学是一种高度概括的教学模式。探究式教学的操作是综合的、灵活转变的，其核心是在教师的适当辅助下学生充分发挥学习的主体作用，让学生体验知识技能的形成过程，自己发现和掌握新知识。美国国家科学教育标准认为，探究是多层面的活动，包括观察、提出问题。根据调查研究掌握已知的结论，根据实验证据对已有的结论做出评价，用工具收集、分析、解释数据，提出解答、解释、预测以及交流结果等。智慧课堂信息化平台为实现探究式教学提供了极为有利的环境。基于中外对探究式教学模式的研究和智慧课堂教学环境的特点，学校提出的智慧课堂探究式教学模式的基本结构：学习活动（进入情境探究准备→分析问题形成方案→观察猜想自主研究→得出结论意义建构→自评反思拓展迁移）、教学过程（创设情境激发动机→启发思考确定主题→信息加工探究实践→协作讨论促进内化→总结评价拓展提高）、技术支持（设置问题多样呈现→推送资源思维工具→认知工具模拟仿真→数据分析协作交流→分析评价分享互动）。

（三）探究式教学模式的主要环节

1. 创设情境、激发动机

在课堂教学过程中，通过情境创设帮助教师导入教学主题，同时激发学生的学习动机和自主探究动机。探究式教学总是围绕课程中的某个知识点展开，这个知识点往往不是由学生自由选择产生的，也不一定是选自社会生活中的现实问题，而是由教师根据教学目标的要求和教学的进度，围绕学生某种知识技能的探究学习预先确定。因此，在确定了这个知识点后，教师就要通过设置疑问、任务等多种形式，使用合适的信息化手段创设与此学习目标、知识点相关的学习情境，引导学生进入学习探究。

教师创设学习情境的方法有利用VR设置一个待探究的问题（此问题的解决需运用当前所学的知识），播放一首诗歌朗诵或乐曲，展现一个与当前学习主题密切相关的微视频，演示专门制作的案例课件，开展师生、生生之间的数字化游戏等。教师通过上述各种方法创设能激发学生学习动机和探究动机的情境，让学生进入情境后被相关问题和任务深深地吸引，从而在情境的感染与作用下形成学习的心理准备，并产生探究的兴趣和动机。

2. 启发思考、确立主题

在学生被创设的学习情境激发起学习兴趣和动机并形成了学习的心理准备之后，教师及时向学生提出若干富有启发性，能引起学生深入思考，并与当前学习对象密切相关的问题，让学生带着这些问题去学习，明确学习的主题和任务，这一过程是主动、高效的学习探究的基础。这一过程至关重要，所提出的问题是否具有启发性、是否能引起学生的深入思考，是探究性学习能否有效展开和取得效果的关键。

基于智慧课堂信息化平台，教师可以方便地设置启发性问题，引导学生思考和研究。在问题思考阶段，教师可以利用资源管理与服务功能向学生推送丰富的学习资源，支持学生思考和确立研究主题。教师利用思维导图等工具或学习资源，对学生如何研究问题、形成方案，以及如何利用这些工具及资源处理在探究过程中遇到的新问题等，给出具体的建议和指导；学生要利用思维工具和信息资源认真分析教师所提出的问题，明确自己所需研究的主体和要完成的学习任务，并通过全面思考形成初步的探究方案。

3. 信息加工、探究实践

探究式教学模式采用"自主、探究、合作"的学习方式，在教学过程中特别强调学生的自主学习和探究。这类自主学习与自主探究活动包括学生利用相关的认知工具收集与当前所学知识点有关的各种信息，主动地对所获得的信息进行分析、加工与评价，在学习处理和评价基础上形成对所学知识的认识与理解。教师应密切关注学生的学习与探究过程，并适时指导学生有效地利用认知工具进行信息加工以及有关学习方法策略调动等，指导学生进行学习探究。

现代信息技术成为智慧课堂环境下学生学习探究的重要认知工具和信息加工手段，但不同的学科中所使用的认知工具有所差异。比如，人文学科往往可以通过让学生上网查找资料来达到促进学生自主探究的目的，这些资料能起到认知工具的作用；而在数学和自然学科中则可以使用软件作为认知工具进行信息加工处理，如计算机建模、虚拟仿真实验、绘图工具、科学可视化、智能分析等专用软件工具，用于涉及三维空间的抽象数学概念、微观、瞬态的物理变化，以及有某种危险性的化学变化过程等应用场景，支持学生自主探究和解决问题。

4. 协作讨论、促进内化

协作讨论也是探究式教学的重要环节，是与自主探究环节紧密相连的。学生在经过了认真的自主探究后，通过高质量的协作讨论和交流互动，进一步促进知识与情感的内化。在自主探究的基础上，实施小组合作学习活动，教师积极发挥组织、协调和引导的作用，组织学生以讨论形式开展小组内或班级内的协作与交流，通过学习资源与学习成果共享，在协作与交流过程中得出问题探究的结论，进一步深化学生对当前所学知识的认识与理解，实现知识意义的自主建构。

智慧课堂信息化平台为协作讨论提供了良好的条件。教师在此过程中应为学生提供协作交流的技术工具，如利用远程教学、在线课程、虚拟学校等基于网络的教学手段，建立学生虚拟化学习和讨论社区，提供师生协作化学习和立体化交流平台，开展课内课外全时空的交流互动。在大数据背景下，基于课堂教学行为数据提供精准的分析评价，提高讨论交流的深度和质量，使得学生可以在不同的地方围绕同一问题进行深入探究、交流和讨论，有助于促进学生对问题的深刻理解和认识，激发学生的思想碰撞，引发学生对新的有价值问题的思考。

5. 总结评价、拓展提高

总结评价、拓展提高是实施探究式教学模式的最后一个环节。其目的是通过师生的共同总结、评价和反思，对学生经过自主探究和协作交流等阶段后对当前所学知识的认识与理解方面的效果进行准确判断，发现仍然存在的问题，提出补充和完善的措施，以便更全面、更深刻地达到与当前所学知识点有关的教学目标的要求。教师引导学生对问题进行回答与总结，对学习成果进行评价、分析与归纳，并联系实际，对当前知识点进行深化和迁移，进行拓展提升。

基于信息化平台的智慧课堂，有利于开展总结、评价和拓展提升。学生的自主总结评价活动包括讨论、反思、自我评价、相互评价等，可以采取线上线下相结合的方式进行，在线开展评价、学习社区讨论、交流等。线下教学面对面的讨论交流，教师的活动也可以基于信息化平台进行，利用移动终端微课制作与推送、个人网络空间、班级社区等方式，帮助学生进行总结评价，包括点评学生的学习情况、对当前所学知识内容进行概括总结、提出与迁移拓展有关的问题并创设相关情境、要求学生应用所学知识解决某个问题或完成某项作品等，引导学生实现知识迁移与拓展提高。

七、生成性教学模式

（一）生成性教学模式的含义

生成性理念认为任何事情都是在动态中生成的，而不是固定不变的，强调事物动态的、变化的过程。生成性教学是在生成性理念指导之下对课堂教学的重新认识，认为课堂教学过程是可变的，具有不可预测性，教学活动不应拘泥于预设的教学方案，而应根据学生学习的情况和思想动向，及时调整教学目标和教学策略，重视课堂上新生成的资源并有效利用。因此，生成性教学模式强调教学的生成性，突出教学的个性化建构，追求学生的成长与发展，强调教学要关注学生的生长和建构，属于一种建构主义的教学模式。

生成性教学是相对于预设性教学而言的。在预设性教学中，教师面向一定的教学目标，依据教学大纲、教材、教学对象进行备课和教学设计，预先制订教学方案并在教学过程中严格按方案实施。传统的预设性教学过分注重教学目标达成，对师生的能动性以及教学互动重视不够，限制了教师的机动空间，阻碍学生个性化发展和创造力的生成。而生成性教学不再拘泥于预设框架，更加重视课堂进程的可变性，突出教学中学生的个性化构建和不确定因索。

智慧课堂教学非常适应课堂教学的动态生成观念。应用技术支持课堂教学的动态生成是智慧课堂的典型特征，也是未来教学环境发展的趋势。生成性教学强调教学进程是可变的，不能单纯依靠教学经验来预先设定，而要依据教学中的变化，尤其是学的变化、新情况的生成及时调整和优化，简而言之就是"以学定教"，而不是"以教设学"。研究发现，智慧课堂的核心理念之一就是"以学定教、智慧发展"，基于智慧课堂信息化平台，开展全过程动态学习数据的采集、分析与即时评价反馈，使课前学情分析和教学预设、课中的教学效果分析和教学策略改进，课后的个性化针对性辅导有了可靠的数据支撑，使"以学定教、智慧发展"得以真正实现。

（二）生成性教学模式的基本结构

生成性教学实际上是一种动态化的课程教学建构过程，是教师在教学过程中围绕特定的教学主题，通过不断激发和促进学生形成观点，及时调整或改变预设的教学计划，从而展开的教学策略与方式，以实现学生的知识生成、方法生成、能力生成和情感生成。智慧课堂的生成性教学就是将生成性教学过程和智慧课堂环境的技术支持进行整合，构建智慧课堂生成性教学模式，为生成性教学设计提供指导。基于智慧课堂信息化平台，构建面向课前、课中和课后教学全过程动态生成的智慧课堂环境，对课堂教学的动态生成性内容进行记录、分析与应用，教师能全面了解学生情况并动态调整教学思路与教学行为，形成智慧课堂生成性教学模式的基本结构框架（图1）。

学习活动：搜集资料，课前预习→发现问题，提出质疑→碰撞争
　论，形成观点→求异思维，灵感萌生→自我评价，总结反思。
教学过程：弹性预设，诱发生成→创设情境，激活生成→合作探
　究，建构生成→随机应变，智慧生成→评价反思，优化生成。
技术支持：推送资源，学情分析→创设情境，思维工具→平台支
　持，认知工具→实时监测，展示分享→多元评价，反馈调控。

图1　生成性教学模式的基本结构

（三）生成性教学模式的主要环节

1. 弹性预设、诱发生成

预设与生成本来是两个相对的概念，生成性教学是相对于预设性教学提出的。但预设与生成是相辅相成、相互联系的，在实际教学过程中是不可能分开的。预设使教学走向有序，生成使教学充满生机。只有预设与生成有机融合，课堂才能鲜活，教学才有活力。反之，离开了预设，生成也就无从谈起。因此，如何在预设中体现生成的需要，留有弹性空间，满足生成的要求，实现"在预设中生成"，是生成性教学模式首要关注的。"弹性预设，诱发生成"成为智慧课堂教学模式的必然选择。

在智慧课堂教学中，要充分利用互联网思维和现代信息技术手段，在信息化教学环境下促进课堂教学在预设中生成。基于智慧课堂信息化平台，教师推送课前学习资源，并根据学生的预习反馈情况和学生学习档案记录进行学情诊断，对学生的现有学习基础、认知特点和个性特征等进行分析评价，对教学目标确定、教学重难点、教学资源准备、教学策略方法和教学流程等进行预先设计。随着社会的不断发展，学生的兴趣特点和思维方式都在快速变化，要想有效进行生成，教师首先要研究学生的情况，以动态化的视角审视学生的发展与进步，关注"数字原居民"的学习和生活方式，了解他们是如何学习的，如何看待各个学科，发现他们的学习优势和不足，在此基础上有针对性地制订教学方案，充分预设学生的课堂学习情况，预留生成空间，引导、促成课堂转变。

2. 创设情境、激活生成

在课堂教学中，教师应该尽可能创设活动情境和探究条件，启发学生自主发现和提出问题，激发学生学会学习和创新，实现学生生成性发展。这种情境创设具有动态变化等特殊要求。生成性课堂作为一种动态化的课堂建构过程，教学过程中肯定会出现一些无法预知的场景和问题，教师作为课堂的组织者和引导者，必须随情境而动，敏锐捕捉这些生成性事件，创造性地应对，对不确定性和不可预测的教学情境做出解释和决策，在情境动态变化的过程中形成师生之间的有效互动，实现具有生成特征的课堂情境创设与应用。

在智慧课堂教学中，要将生成性教学过程和智慧课堂信息化平台的技术支持进行整合，利用计算机网络和多媒体技术，构建智慧课堂生成性教学情境。

现代多媒体技术使得信息既能听得见又能看得见，将声、光、形、色、动等汇集为一体，直接对学生的视觉和听觉感官产生作用，这种通过多方面感官刺激的方式传播的信息量比单一听老师讲课要多得多，形成了十分有效的教学情境。在智慧课堂信息化环境下，有利于激活课堂的生成性，教师和学生之间、学生和学生之间、学生和媒体之间，进行着平等、多维、线上线下相结合的对话，鼓励学生以多种方式提出创造性的意见和建议，形成各种有价值的生成性资源。

3. 合作探究、建构生成

在教学情境创设的基础上，教师组织学生开展探究性和协作性学习，给学生质疑、争论和反驳的机会，让学生带着知识、经验、灵感和思考走进课堂，呈现出课堂的丰富性、多变性、自主性和复杂性。在生成性教学中，通过探究、协作等方式发挥学生在课堂中的主体作用，促进学习探究。教师要引导、帮助学生开展合作学习、协作交流，包括师生之间的协作交流，对学生提出的问题、形成的观点、争论等生成性信息，及时给予反馈和引导，并根据具体情况灵活调整教学行为、构建学习支架，使学生真正融入生成性学习活动的整个过程之中，有效建构属于学生自己的知识构架，促进学生知识意义的建构与生成，从而达到生成性课堂的教学要求。

在智慧课堂教学中，基于信息化教学情境的创设为学生的合作探究、交流互动和建构生成提供了十分有利的条件。在课堂教学中，教师对学生的学习行为和效果进行实时监测，密切关注学生自主学习、合作探究和交流讨论的情况。基于智慧课堂信息化平台，可以对学生的浏览、作业、对话和互动等学习行为进行记录和数据分析，利用教育数据挖掘和学习分析技术，对学生的互动行为数据、师生关系数据、学习测评数据等教学过程数据进行建模和挖掘分析，为改进和调整教学提供数据支撑，有利于实现基于数据的精准教学和个性化学习。

4. 随机应变、智慧生成

生成性教学模式强调动态生成，是指教师以在课堂上出现的学生有价值、有创见的问题与想法等生成性资源为契机，及时调整或改变预设的计划，围绕学生的学习问题展开教学而获得成功。在实际教学过程中，往往会发生一些偶然现象、突发事件等难以预料的情况。生成性教学要求教师能够随机应变，凭借教学智慧正确地处理教学中的突发事件，因势利导、顺其自然地改变原来的教学程序或内容，产生事半功倍的效果，给学生带来"意料之外"的发展价值，实现智慧生成。

在智慧课堂教学过程中，动态生成性内容随着教学进程的发展而变化，是流动的、短暂存在的，有些是在师生交互过程中隐性生成的，需要教师具有高度的教学智慧和教学应变能力发现和把握，并及时收集、记录和处理。智慧课堂信息化平台为此提供认知工具、展示和记录平台，引导学生进行学习成果共享或展示汇报，对生成性内容加以收集和记录，实现智慧生成。例如，课堂测验结果、学生作品等都是宝贵的生成性内容。基于智慧课堂信息化平台功能，教师能够即时分析课堂测验的答题结果，更全面地查看小组或个人的创造性作品，据此随机调整教学策略，对学生进行有针对性的辅导。

5. 评价反思、优化生成

在生成性教学模式中，生成性体现在课堂教学的全过程中，教师对教学全过程进行评价反思非常必要。教师要组织学生利用评价工具对学习过程、学习收获等进行多元评价，开展评价和反思，进一步优化生成智慧。在教学实施过程中，教师在预设的基础上，对课堂上出现的各种情况分析思考，进行行动中的反思，对预料之外的情况进行评价分析，判断是否有助于学生的学习发展。在课堂教学任务完成后，教师要对整个教学过程进行评价反思，审视教学过程中的各个环节、教学活动形式和方法、知识传授的技能和技巧，从中发现最有利于学生发展的做法，从而不断地积累教学智慧，在以后的教学中不断应用和提高，实现在评价反思中优化生成。

在智慧课堂环境下，全过程动态学习数据分析为生成性教学的评价与反思提供了极为便利的条件。智慧课堂信息化平台记录大量的学生在参与预习测评、随堂测验过程中形成的数据，包括应答数据、应答时间以及测试结果等，用于对学生进行评价，不仅能够了解学生的学习准备、课堂学习行为等，还能够将收集到的信息用于促进学生学习。通过对学生学习结果的测量评价与反思，为教师和学生提供可视化分析图表，帮助教师高效了解学生的学习情况，有助于教师更好地准备教与学的材料，进一步促进教学生成。

八、混合式教学模式

（一）混合式教学模式的含义

混合式教学模式是对传统课堂教学与网络化教学两种教学方式的混合，以期克服传统教学方式或单纯网络化教学的不足。国内首次正式倡导混合式教学概念的北京师范大学何克抗教授认为，混合式教学模式把传统教学方式的优势和网络化教学的优势结合起来，既发挥教师引导、启发、监控教学过程的主导作用，又充分体现学生作为学习过程主体的主动性、积极性与创造性。混合式教学的理论基础包括建构主义学习理论、结构主义理论和人本主义学习理论等。其中，混合式教学受建构主义学习理论的影响很大。混合式教学模式强调通过学生主体性与教师主导性的结合强化学生主体作用的发挥，这与建构主义学习理论不谋而合。

相比于传统的教学模式，混合式教学模式具备学习资源提供的灵活性、为个别化学习提供支持以及提高教学效率三个方面的主要特征，转变了学生的认知模式、学习方式，以及教师的教学模式、教学策略和角色定位，是学习理念和教育理念的一种提升。混合式教学模式通过网络信息技术营造一种理想的教学环境，以期实现一种能充分体现学生主体地位的新型学习方式，其本质是要改变传统的"以教师为中心"的教学结构，构建一种新型的"主导——主体相结合"的教学结构。在混合式教学模式下，学生可以选择适合自己的学习方式，开展多渠道、多形式的师生、生生以及人机互动。由于不受时间和地点的限制，学生有更多的时间对学习过程进行评价和反思，教师也由原来的课堂主宰者和知识传授者转变为教学过程的组织者和指导者。

混合式教学模式是智慧课堂教学的一种典型模式。混合式教学过程中，将教师主导作用的发挥和学生主体地位的体现在建构主义学习环境下统一起来，智慧课堂信息化平台的开发利用为这种统一创造了条件。智慧课堂是依据建构主义学习理论，运用云计算、大数据、移动互联网等信息技术构建智能高效的课堂，包括网络教学平台、多媒体教学课件、微课、网络试题库、多媒体教学设备和智能教学终端等，形成了富有智慧的学习环境，为开展混合式教学创造了良好的条件。因此，智慧课堂混合式教学模式的特点是在教学形式上实现传统面对面教学与网络教学相结合，在教学手段上采取传统教学手段与信息技术手段相结合，在教学目标上充分发挥教师的主导作用与学生的主体地位，在教学评价上注重过程评价、结果评价等相结合的方式，以达到最佳的教学效果。

（二）混合式教学模式的基本结构

混合式教学模式是把传统课堂教学与网络教学融为一体的新型教学模式，体现在教学流程结构上的鲜明特征。混合式教学准备包括课堂教学与网络教学的课前教学准备，分别为网络资源建设、课堂教学设计和实践活动设计，为之后的教学提供了有效的支持。混合式教学模式包括线上的网络教学环节、线下的课堂教学和实践活动环节。其中，线上的网络教学是将课程内容、教学资源或教学活动呈现在网络平台上，让学生进行在线学习；线下的实体课堂教学侧重于对课程重难点知识的讲解和师生之间的沟通互动；实践活动是在线下进行实验、实训、社会实践等，让学生可以运用创新理论解决实际的问题。混合式教学模式考核评价包括线上测评和多元评价。基本结构如图2所示。

学习活动：课前预习，进入情境→自主学习，在线讨论→答疑解惑，强化认知→自我评价，归纳总结。
教学过程：学情诊断，任务预设→在线学习，交互讨论→面授教学，实践训练→多元考核，综合评价。
技术支持：资源推送，学情分析→在线课程，虚拟社区→面授教学，实践训练→辅助分析，虚拟仿真→测试评价，即时反馈。

图2　混合式教学模式的基本结构

（三）混合式教学模式的主要环节

1. 学情诊断、任务预设

混合式教学模式的首要环节是教学准备，即学情诊断；任务预设，包括学情分析、教学设计、网络资源准备等内容。该环节可以在线下进行，但更需要网络平台的支持。教师基于网络平台广泛收集资料，除了课本内容外，教师还通过给学生预设一些任务引导学生自主寻找和学习内容相关的资料，并且引导学生从自己收集的资料中提取有价值的信息。教师能够利用网络平台的优势将收集的各种教学资源进行分类储存，并通过网络平台强大的信息处理功能对所获资源进行交换，协作备课。教师基于网络平台及时了解学生的预习情况，查询学生的历史学习档案，准确掌握学情，分析教学目标，进行线下教学与网络教学的课前教学设计。

在混合式教学的教学准备中，可充分利用智慧课堂信息化平台的优势发布学习目标和计划，为之后的教学提供有效的支持。教师通过信息化平台公布各阶段的学习内容、学习进度、学习目标和考核标准等，通过信息化平台给学生布置一些与学习单元主题相关的活动。学生在线完成预习、自测并反馈。在一门课程的混合式教学准备中，重点要完成课程导入，就是教师与学生要通过一定的方式对课程的学习目标和学习方法进行交流，使师生对课程的教学目标、网络课堂学习活动的组织形式、学习支持方法与考试评价方法形成共识。教师设计制作课程导入的微视频，在课前进行网络发布，由学生自主观看。一节成功的导入课对提高学生学习的积极性有极大的促进作用。

2. 在线学习、交互讨论

开展线上学习是混合式教学的重要组织形式之一，包括自主学习、线上作业、网上答疑和讨论交流等。学生以在网络教学平台上自主学习为主，因此要以教师提供优质的、个性化的在线学习资源为前提。在混合式教学中，线上学习的资源内容和类型丰富多样，包括知识点微视频资源库、PPT课件、测试题库、网上教学辅导、优质典型课例视频、拓展型和研究型课程资源等，以微课、MOOC、SPOC、网络公开课等新型课程为载体，学生可根据自己的实际情况点播和浏览学习。教师将教学活动设计分为教学目标、步骤和任务等模块，学生可以参照模块内容自主学习。教师布置作业和任务，学生要及时完成作业并提交到平台上，教师对学生提交的作业进行评价与反馈。

线上学习要提高教学的协作性和相互性。协作学习是一种通过小组或团队的形式组织学生学习的一种策略，通常结合基于主题与项目的学习方式。参与小组协作活动的学生可以基于智慧课堂信息化平台，将其在学习过程中探索、发现的信息和学习材料与小组中的其他成员共享。教师针对知识点的特点选取适合的知识点开放给学生作为协作学习的目标，小组成员通过资料查找、作业上传展示等方式进行学习。通过智慧课堂信息化平台设置讨论和答疑区，开展在线讨论与交流，师生在平台上进行即时互动和交流。学生可将问题提交到答疑系统，等待老师或其他同学解答。对于一些普遍性的问题，教师可将问题和答案整体公布到答疑中心，供其他学生参考。教师可结合课程内容设计一些话题，学生则通过发帖、跟帖等形式进行交流和讨论。

3. 面授教学、实践训练

混合式教学模式最终要回归线下，结合面授辅导、实践训练，教师点拨知识要点、答疑解惑，并通过面对面的讨论，强化知识内化，促进认知建构。线下课堂教学是在实体课堂中进行的面对面的教学活动，侧重于对课程重难点知识的讲解和师生之间的沟通互动。线下教学重点是进行面授辅导，采用讲解、演示、作业讲评等方式。与传统的课堂教学给学生灌输课本知识不同，在混合式教学的线下课堂教学中，教师应根据教学重难点、学生在线测评反馈等安排课堂教学内容，对学生在线上学习和生活中遇到的问题进行答疑解惑。同时还要对学生的学习方法进行面对面的点拨，使线下课堂教学切实发挥对学生认知的强化和促进作用。

在混合式教学模式中，线下的实践教学环节是线上学习不可替代的方式。实践教学是让学生通过实际操作，运用所学理论解决实际问题的教学环节。对于一些实践性较强的知识点内容，如物理、化学、生物等自然学科的实验教学，需要结合线下的实践教学环节，采用"教—学—做"或"学—做"等形式。在信息化环境下，实践教学环节可以利用新一代信息技术建立虚拟实验、仿真实训和模拟实践的环境，进行模拟教学实践活动。因此，混合教学模式的网络教学和课堂教学都要利用各种新技术、新媒体，创设有利于创新的学习环节，设计创新实践的内容，培养学生的创新思维和实践能力。

4. 多元考核、综合评价

考核评价也是混合式教学模式的重要环节。混合式教学模式的考核评价相较于传统课堂教学有很大的不同，既包括线上的作业、测试、讨论评价，也包括线下的课堂考勤、活动表现；实践考核既包括学生自评、同学互评、小组评价，也包括教师的观察记录；课堂考试既有量化的试卷测验，也有定性的评议分析，是线上与线下、平时与课终、自评与他评、定量与定性多元混合的综合性评价，充分体现了智慧课堂信息化环境下学习评价的多元化、综合性等特征。

智慧课堂信息化平台为线上线下混合的考核评价提供了便利的条件。比如，混合式教学模式的形成性评价包括网络学习行为记录、平时上交的单元练习、网上讨论的表现、网络教学中的测试成绩等，以及课堂教学中的讨论交流情况、课堂测验、创新成果展示、创新游戏等情况，这些数据都会记录在智慧课堂信息化平台的网络学习系统或学生学习档案上，是进行形成性评价的依据。总结性评价是教学的最后环节，教师组织进行课终考试或综合实践，并把之前布置的创新作业在线上或线下课堂上展示，提供给学生进行互评，作为总结性评价的依据。总结性评价也可通过模拟仿真平台进行综合考试或模拟实践训练。在信息化环境下，混合式教学模式的形成性评价与总结性评价在评价的内容、方式、标准、依据等方面都更加多元化、综合化和精准化，使评价更加客观、准确、科学。

第三节　智慧课堂的教学管理

智慧课堂理论与技术构建的目的和归宿在于应用。因此，必须围绕在学校教学实践中如何开展和应用智慧课堂教学进行研究，探讨智慧课堂教学的实用流程和具体的教学策略与方法，提供智慧课堂教学的实用指南。

一、智慧课堂教学的实用流程

为了在教育教学实践中开展智慧教学活动，学校必须具体探讨智慧课堂教学的实用流程。依据智慧课堂教学结构理论模型，结合智慧课堂信息化平台的构建和众多学校实际推广应用的经验，总结归纳出智慧课堂教学的实用流程。实用流程的确定将教与学融为一体，基于智慧课堂信息化平台的支持，从课前、课中、课后设计智慧课堂教学整体的流程结构。在教学实践运用中，智慧课堂教学的实用流程由3个阶段和10个环节组成，这些阶段和环节包括了教师"教"和学生"学"的共同活动以及互动关系。

（一）课前环节

1. 学情分

教师通过智慧课堂信息化平台提供的学生作业成绩分析和学生特征档案，精确地掌握来自学生的第一手学情资料，预设本节课的教学目标，并向学生推送微课或富媒体预习及检测的内容。

2. 预习测评

学生使用教师推送的富媒体学习材料，完成和提交预习题目，并可在论坛或平台上进行相关讨论，提出疑问或见解，并记录预习过程中遇到的问题。

（二）课中环节

1. 课题导入

教师采取多种方法导入新课内容，主要通过预习反馈（对学生提交的预习检测统计分析）、测评练习和创设情景等方式导入新课。学生展现课前自学成果，围绕新课导入进行演讲展示、分享观点。

2. 探究学习

教师下达新的学习探究任务和成果要求，学生开展协作探究学习，主要包括小组合作探究、游戏学习等方式。教师设计活动，为学生分组，进行互动讨论。学生开展小组协作后提交成果，并展示。

3. 实时检测

学生完成学习探究任务后，教师将随堂测验题目推送到每个学生的终端上。学生完成随堂测验练习并及时提交，进行实时诊断和反馈。

4. 总结提升

教师根据实时检测反馈结果对知识重点、难点进行总结和点评，对薄弱环节补充讲解，重点进行问题辨析。学生针对教师布置的弹性分层作业和任务，对所学习的新内容进行巩固迁移、拓展提升。

（三）课后环节

1. 课后作业

教师利用平台发布个性化的课后作业，学生完成课后作业并及时提交给老师，以便得到教师即时反馈。

2. 微课辅导

教师依据学生课堂学习的情况批改作业、录制微课，有针对性地推送给学生，进行个性化辅导。

3. 反思评价

学生在线观看教师录制的解题微课，与老师、同学在线讨论交流。教师进行在线指导，在此基础上进行总结性评价和反思，为后续授课做准备。

二、智慧课堂的备课策略

教师备课的任务是根据学科课程标准的要求和本门课程的特点，结合学生的具体情况进行教学准备，确定适当的学习目标和内容，选择最合适的表达方法和顺序，以保证学生有效地学习。智慧课堂教学备课要充分体现出课堂教学"以学生为主体"的宗旨，设计理想的学习情境和教学方案，帮助学生主动建构知识意义。

（一）预设课程目标及教与学目标

1. 确定"三位一体"课程目标

新课程改革方案中已经明确提出了"三位一体"的课程目标，指在教育教学过程中应该达到的三个目标维度，即知识与能力、过程与方法、情感态度与价值观。智慧课堂目标设计中应遵循这一基本要求，并利用智慧课堂的有利环境有效落实。

知识与能力目标。知识目标是指通过学习，学生知道、理解、掌握了什么；能力是指读、写、算、画等基本能力，获取、收集、处理、运用信息的能力，创新能力和解决实际问题的能力等。

过程与方法目标。过程是指以学生认知为基础的知、情、意、行的培养和发展过程，涉及学生的兴趣、能力、性格、气质等个性品质；方法是指学生在基于智慧课堂信息化环境的学习过程中学会并采用的方法，如问题探究、问题观察、归纳提炼、合作交流等方法。

情感态度与价值观目标。情感态度目标指通过智慧课堂信息化环境下的学习形成的良好表现，如端正的学习态度、好的学习习惯、宽容忍耐的态度等；价值观指学生对教学中问题的价值取向或看法，强调个人价值与社会价值、科学价值与人文价值、人类价值与自然价值的统一，从而使学生从内心确立起对真、善、美的价值追求及人与自然和谐可持续发展的理念。

2. 把"三位一体"课程目标具体化为教与学的目标

"三位一体"课程目标的每个维度包含的具体目标都很多，不可能在一堂课上都涉及，但要尽可能涉及三个方面。在智慧课堂目标设计中，教师要依据每节课的教学内容特点，基于智慧课堂信息化环境应用，设计出具体的学生学习目标及教师教学目标，恰如其分地将三个方面的目标融入智慧课堂信息化环境下知识学习的过程中。

（二）开展学情分析

这里的开展学情分析，是指全面了解学生的情况，包括学生对相关基础知识的掌握程度，以及学生学习产生的心理、生理和社会特点等。

智慧课堂的核心理念是以学生为中心。因此，在备课中如果不对学生做全面了解，教学过程的每一个环节都可能发生背离学生学习需求和成长规律的事情，教师所有的工作都将是徒劳的。为了科学地实施学情分析，教师平时要养成建立规范的学生特征档案和学习档案的习惯。智慧课堂信息化平台提供了学生档案格式和管理维护功能，并统计分析出有用的各种情况所占比例，给出建设性的教学建议，为有的放矢地制定有效的课程教学设计提供依据。

学生特征档案表格形式见表1。

表1　学生特征档案

学号	姓名	年龄	性别	性格	认知能力	对学习的期望	生活经验	经济文化及社会背景

其中，部分主要的内容指标含义如下：

性格指学生在学习和生活过程中表现出来的行为。一般可以用活跃（思维活跃，积极发言）、沉稳（有独立见解，但不善于表现自己）、随和（人云亦云，没有自己的见解）、懒惰（不去思考和参与）等来描述学生的性格。

认知能力指学生通过自己的思维对知识加工处理的能力。我们用强、一般、弱来描述学生的认知能力的程度。

对学习的期望指学生对自己的学习希望达到的状态，其中蕴含了学生学习的动机，可以用兴趣、有用、学习成绩、教师的评价、家长的评价来描述。

生活经验指学生参加社会活动及家务劳动的情况。

经济、文化及社会背景主要指学生的家庭相关背景，如父母的工作、学历情况等。

学生学习档案表格形式见表2。

表2 学生学习档案

学号	姓名	年龄	性别	学习内容	预习测评	课堂测评	作业成绩	掌握程度分析

该表格用于针对本课的学习内容，查阅以往学生相关基础知识掌握的情况。

（三）进行预习设计

在智慧课堂教学备课中，依据学习目标的要求，结合学生特征档案和学习档案的分析结果，教师可以有针对性地设计预习内容，制作和提供预习资料，用于学生的预习活动。一般预习设计包括学习内容、学习目标、学习重点、学习难点、学习过程等主要要素。教师按表3的形式设计预习内容，同时发给学生，并规定上传预习测试题的时间。

表3 预习设计表

	科目		时间		学生姓名	
学习目标						
学习重点						
学习难点						
学习过程	观看微课，学习富媒体资源					
测试题	利用信息化平台推送					
困惑						

预习资料一般包括微课、富媒体资源和预习测试题等形式。

（四）微课设计与制作

1. 微课制作基本要求

微课即微型教学视频，是指讲授某个知识点的教学短片，视频内容聚焦于知识讲解，主要用于帮助学生完成某个知识概念的理解与建构。微课教学视频的制作需要把握以下两点要求：

（1）知识内容短小精悍。

以一个知识点（如三角形的面积公式）或一个教学环节（如导入）或一类教学活动（如2人小组合作）为单位。

（2）视频长度短小精悍。

时间一般不超过6分钟，更容易吸引学生的注意力，实现教学资源更有效地分享与交流。数据量小，易于网络传输分享，有利于学生自主学习。微课制作的工具和制作形式一般有四种：使用快课工具+PPT录制、使用拍摄设备直接录制、使用平板电脑+"涂鸦"工具录制、使用录屏软件录制。一般要根据微课的内容和教学应用目的来选择合适的工具和录制方式。

2.富媒体资源

媒体是指信息的载体和传递信息的工具。在智慧课堂教学中，富媒体资源是指通过网络媒体传送的适宜于学生自学的各类电子文档、图片、影视、Flash、语音、PPT、网页等形式多样的学习资料。富媒体资源的管理与存储是基于智慧课堂信息化平台的资源管理子系统，提供各类学习资源的收集、存储、管理和服务。[①]

富媒体资源是智慧课堂的教学内容基础，是实现智慧课堂教学的基本资料。选择富媒体教学资源也是智慧课堂教学备课的重要环节，要重点把握以下两个方面：

（1）选择合适的资源内容。

从内容来源上看，富媒体资源是智慧课堂的教学内容资料，包括各学科课程标准、全科数字化教材、多媒体课件、网络课程、各类练习题、讨论题、专题学习材料、教学案例、参考资料等。但在实际应用中，不是每节课都需要所有种类的资源，而要根据本节课学习的需要，有所取舍。

（2）确定合适的资源推送方式。

从富媒体资源的推送形式看，可以是教师制作好的课件、文档等学习资料传递，也可以是提供整理归类好的分类信息、网址或者是网上搜索的关键词等。比如，对于需要学生到互联网上浏览、学习的资料，就可以将整理归类好的网址或者是网上搜索的关键词等推送给学生。

---

① 何克抗，林君芬，张文兰.教学系统设计［M］.北京：高等教育出版社，2013：127.

3. 预习测试题

预习测试题的设计要坚持目的性、主体性、知识性相结合。围绕学习目标给出预习测试题，符合学生学习规律，贴近学生的生活实际。智慧课堂特别强调学生自主建构知识，因此预习测试题要有探索性，可以让学生动手尝试。测试题的难度要分层次，让大多数的学生体会到成功的喜悦。题目类型要多样，可以有判断题、选择题、计算题、问答题等类型，教师可以通过智慧课堂的测试评价信息系统进行批阅、分析。

（五）进行教学设计

教学设计是根据课程标准的要求和教学对象的特点，将教学诸要素有序安排，确定合适的教学方案的设想和计划，一般包括教学目标、教学重点、教学方法、教学手段、教学步骤与时间分配等基本环节。

智慧课堂的教学设计，是为意义建构学习而设计教学方案，围绕学生如何学得更有效来设计和组织教学，基于信息化环境来设计教学。智慧课堂教学设计主要包括表4中的各个要素。

表4　教学设计表

教学内容		科目		时间		教师	
教学目标							
教学重点							
教学难点							
教学媒体							
教学过程							
	平台选择						
课题导入							
下达新任务							
推送资料							
研究探讨							
归纳总结							

续 表

教学过程						
	平台选择					
随堂测评						
作业布置						
教学评价						

三、基于信息化平台开展互动教学

智慧课堂的互动教学，是把教学过程看作一个动态发展着的、教与学统一的、相互影响和相互活动的过程。具有强大的互动交流能力是大数据时代智慧课堂的核心标志。在互动过程中，强调学生是活动的主体，教师是活动的指导者、点拨者、促进者。智慧课堂的互动教学不同于传统的互动教学，不仅仅是师生间、生生间的语言交流讨论，最根本的不同是其借助智能化的移动学习工具和信息化支撑平台实现教师与学生的立体化互动交流。我们观看了一些目前国内的智慧课堂录像，发现大多数课堂教学的互动质量不高，课堂讨论气氛有些沉闷，形式上虽使用了信息化平台，但并没有很好地发挥其在教学互动中的作用，对学生知识意义建构的作用不明显。那么，怎么才能够形成高效的互动教学呢？可以从以下三个方面展开探讨。

1. 学生信息获取过程中的教学互动

（1）教师可以在开始实施教学之前或学生查找资料的过程中，给学生进行学习资源收集的相关培训，让学生知道在什么地方查找、如何查找、搜索什么关键词等。

（2）适时展示学生收集到的资源信息，比较哪个学生收集到的信息更为有效、更有价值。

（3）让学生归纳自己收集到的信息并展示。

通过以上办法，使教学互动过程更为有效，既把控了课堂教学进程，又提高了学生信息获取的能力。

学习资料获取的来源包括网络教室、互联网、北京地理教学资源网、教师制作的网页、powerpoint课件等。

要求学生将研究结果用powerpoint软件展现出来。然后，教师以提问题的方式检查学生资料收集整理的情况，例如什么是热岛效应、北京存在热岛现象吗、城市热岛效应有什么特点、对我们的影响如何、如何抑制热岛效应等。

2. 课堂研究探讨过程中的教学互动

在课堂教学过程中，研究探讨是学生自己知识建构的重要环节，通过自己对资料的整理归纳分析和与同学的交流、探讨以及与教师的相互沟通，逐步形成较为完整的知识认知。在智慧课堂教学过程中，通过信息化平台获取丰富的学习资源和动态信息，传送和展示相关交流信息，就某个问题开展深入的互动交流和探究，有利于形成对所学知识的意义建构，促进知识内化。

3. 随堂测评过程中的教学互动

信息化平台的测试评价信息系统会自动给出客观题的测试评价结果，智慧课堂信息化平台利用智能终端和基于云的测试评价信息系统，对学生的作业测试实时处理，对全体学生的成绩进行及时的统计分析并给出评价结果，即时反馈给学生和教师，用于改进教学。

四、基于信息化平台实施个性化辅导

个性化辅导是指教师在教学过程中以全体学生为中心，根据学生的不同水平和个性化特征，组织设计和实施针对性、差异化的辅导活动。智慧课堂个性化辅导借助智慧课堂信息化平台的强大功能优势，针对不同的学生实施个别化、针对性辅导，使得每个学生都能根据自己的学习程度和基础主动参与教师的辅导，减少学生复习巩固知识的盲目性，减少了作业量，让学生可以将更多的时间用于新知识的预习和学习，提高个性化辅导的效率和效果。

（一）智能推送个性化作业题

基于物联网、大数据分析等信息技术的应用，智慧课堂信息化平台具有系统的学习行为跟踪功能，可以对学生的所有信息化学习行为进行跟踪记录，包括在线资源浏览、质疑问题、作业提交、测评、讨论发言等。利用数据挖掘、学习分析等技术，对这些学习行为进行挖掘分析，把握学生的个性化特征和知识掌握的差异，以便于智能推送个性化作业。

具体来讲，在学生的各种信息化学习行为中，基于智慧课堂的测试评价信息系统，每一项行为都会形成一定的积分，这些积分可以与相应的知识点挂钩。这样，信息系统便会依据学生对知识点的掌握程度，为他们推荐相应的作业练习，不同学生之间也就实现了差别化、个性化的复习巩固。信息系统自动生成的个性化作业练习题，包括客观题和主观题。根据题目的多少和难易程度，系统会自动限制完成时间。学生通过完成智能推送或人工推送的针对性作业，也可以了解自己对该课程知识点的理解、掌握情况，从而采取相应的学习改进措施。

（二）及时快速的作业评价

基于智慧课堂的测试评价信息系统对于客观性作业题，在学生做完并提交后，系统会马上自动给出评判。对于做错的题目，系统会指出哪个知识点没有掌握，并可以查阅相关知识点内容，同时也可以点击相应的练习题。通过多轮练习测试，使得学生对知识点的掌握越来越准确。通过这个过程，系统将此知识点优先排列，建立每个学生的电子化错题本，在今后的复习中，系统能自动提醒学生加强对相应知识点的学习，并智能地帮助学生复习巩固薄弱知识点。而且，学生提交的客观性作业及系统对作业的评判结果分析，教师都可以看到。

而对于主观性作业题，学生上传信息化平台后，则由教师利用平台提供的工具进行评判、注释，并给出批改意见。

（三）多样化的答疑解惑方式

基于智慧课堂信息化平台，教师可以根据学生的作业完成情况，采用适当的方式对学生实施个性化辅导。一般可以采用以下四种方式。

1. 文字交流辅导

对于完成质量好的，或者错误不多的学生，可以在信息系统讨论栏内进行文字交流答疑。

2. 语音交流辅导

当有些问题的解释用字太多，或难以表达时，可以通过工具选用语音形式进行交流辅导。

3. 视频交流辅导

利用视频的方式，双方可以同时发言，并能看到对方，如同面对面交流辅导一样，还可以直观地展示想要给对方观看的材料和讨论内容。

4. 微课辅导

教师针对学生的某一个问题，制作一个讲解的微课小视频，自动或人工推送给学生观看，比较形象直观，针对性也更强，学生可以重复观看、学习。

对于以上四种方式，从常态化应用的需要来看，一般可以单独使用某种方式。但有时为了达到更好的辅导效果，也会同时用到多种方式进行辅导。再者，这四种交流辅导方式也可以在班级讨论栏中进行，以便在辅导一个学生时让其他同学也能看到，大家共同得到帮助和启发。

第四节　智慧课堂的成果举隅

东莞市松山湖实验中学地处国家高新区松山湖科技园区，是一所全日制公办初级中学，学校办学突出实验性、创新性和示范性，以深化课程改革为重点，以学生全面而个性发展为目标，积极构建智慧学习环境，推进现代信息技术与教育教学的深度融合，着力培养学生的问题意识和思维能力，促进以学生学习为中心，学生、教师和家长积极参与的"三位一体"课堂建设。学校充分利用信息技术平台、大数据和人工智能等技术，构建了虚实结合的智慧学习空间，并在日常教育教学中进行智慧课堂实践。

一、应用目标的达成

信息技术时代的到来，打破了课堂的"围墙"，突破了学习时间和空间的限制，使学生、教师、家长"三位一体"参与课堂并构建智慧学习环境成为可能。借助东莞市教育局的微课掌上通平台和学生平板终端，学校基于智慧学习环境下的"三位一体"课堂实践不仅实现了教学模式、教学内容的变革，也带来教学主体、教育空间的变化，实现了信息技术与教育教学的深度融合。

1. 实现教学资源共享

学校基于平板终端的智慧课堂教学，积累了丰富的线上、线下教学资源，通过微课掌上通平台分享，便于学生随时随地查询和学习。同时，互联网上有海量的学习资源可以为学生提供服务。通过信息检索，师生均可获取需要的教学资源，在微课掌上通的班级圈里进行共享。同时，现在家长的整体素质较高，家长可以结合自身的职业特点、专业所长和知识储备为教育教学带来更加丰富的资源，从而拓宽资源获取渠道，实现教学资源"三位一体"的共享。

2. 促进学生自主学习

构建智慧学习环境下学生、教师和家长"三位一体"参与的课堂，有助于发挥尊重需要和自我实现需要。通过提问和回答，采用学习金字塔理论中基座位置的"教别人"或"马上应用"学习方式，主动学习或参与学习，将个人的能力发挥到最大限度，接受自己也接受他人，解决问题的能力增强，达到自我实现境界。

3. 形成家校教育合力

借助微课掌上通平台，为家长更好地参与孩子的成长过程提供了新的契机，通过智慧众筹，在学生、教师之外引入家长教育资源，共同成为课堂的参与主体，参与讨论和分享，更加直接、高效地解决实际问题。"三位一体"的课堂教学也让家长更加理解学校的教育内容，更加支持学校的各项教育教学工作。在线平台强大的交互功能也使之成为可以随时随地学习的"家长学堂"，对提升家长素质起到了促进作用。

二、实施过程和推进策略的沉淀

学校基于智慧学习环境下的"三位一体"课堂实践由于参与面广、涉及学科多、要求较高，在实施过程中也遇到了一些问题，比如如何提高家长的参与度、怎样确保资源共享的质量、如何建立相应的评价体系，等等。为此，学校在推广过程中实施了以下策略：

（一）进行调研分析

学校做出详细的前期调研准备，并进行了可行性分析。信息技术的普及应用使学生、教师、家长"三位一体"参与课堂并使构建智慧学习环境成为可能（图1）。

图1　学生、教师、家长三位一体课堂参与示意图

东莞市已经建立了微课掌上通平台，现已开通全市学生、教师、家长账号，无须注册就可以在电脑、手机等设备登录，随时随地参与课堂。这些特点使其拥有其他平台所不具备的便利性和优越性。其班级圈所有班级的学生、教师、家长均可浏览，可以发布文字、图片、相关视频链接等，还可以评论回复，方便交流，建立起一个学习社群。松山湖实验中学采用平板电脑教学，学生人手一台平板电脑，课上课下均可接入互联网，利用平板电脑轻松参与课堂。这样为每一位学生提供了便利的互动工具，自动记录学习过程和评测学习成果，有效促进了学生学习。

学校成立了学术委员会，由各学科骨干教师代表组成，在各学科"三位一体"的智慧课堂探索和实践中，不断总结经验，及时交流，推出示范课、展示课等，进行经验推广。由于基于智慧学习环境下的"三位一体"课堂实践与信息技术密切相关，为解决教师的技术性问题，在学生、家长中做好相应的指导与服务，学校成立了信息技术推进办公室，从而在硬件设备、网络资源等方面做好保障工作。

在课堂实践过程中，作为"数字原住民"的学生参与热情高、适应能力强，教师团队也积极响应。但作为"三位一体"课堂实践中的重要一环——家长，起初由于工作较忙，或受传统观念的影响，参与程度不高。为此，学校通过校园展板、家长会、群发信息等途径和方式，加大动员力度，积极营造浓厚的学习氛围。

（二）规范教学流程

学校依托五大平台，即数字资源平台、网络备课平台、平板教学平台、慕课在线学习平台和大数据分析平台，充分利用现代信息技术，用基于问题导学的模式打造智慧学习环境，线上线下的学习讨论区让每个学生拥有发言的空间，并培养其聆听的能力。每个学生都拥有自己个性化的学习路径，学习过程全记录。学习完成后，每个学生都可以获得具体学习情况分析、推荐学习的后续内容和推荐的练习题目。每个家长也可以通过微课掌上通了解孩子的学习情况，参与孩子的成长，感受孩子的变化，体验孩子的成功。松山湖实验中学的"三位一体"智慧课堂是基于翻转课堂、合作研讨、优质资源于一体的智慧学习环境，用精准的大数据支持学生的个性化学习。学校在各学科摸索的基础

上，制定了教学流程图，确保学校课堂改革的统一性和方向性。主要分为五个
环节（图2）。

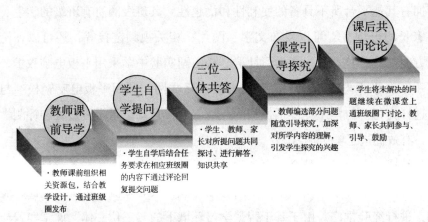

图2 学生、教师、家长"三位一体"课堂参与流程图

（1）教师课前导学环节。教师课前组织相关资源包，结合教学设计，通过
微课掌上通班级圈发布。

（2）学生自学提问环节。学生自学后结合任务要求在相应班级圈的内容下
通过评论回复提交问题。

（3）三位一体共答环节。学生、教师、家长对所提问题共同探讨、解答，
知识共享。

（4）课堂引导探究环节。教师编选部分问题随堂引导探究，加深对所学内
容的理解，引发学生探究的兴趣。

（5）课后共同讨论环节。学生课后可以继续在微课掌上通班级圈下讨论，
教师、家长共同参与、引导、鼓励。

各学科根据各自的学科特点和教学内容，在课堂中可以自行调整，并鼓励
教师对课堂流程进行创新性改良。例如，语文学科在名著阅读课堂上的流程图
如图3所示：

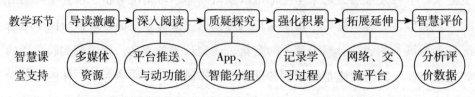

图3 基于智慧学习环境的初中语文名著阅读教学流程图

（三）探索课堂模式

学校在各学科实践的基础上，探索和推行了基于"三位一体"的智慧课堂模式，确保学校课堂改革目标的达成。主要分为三个环节。

1. 课前环节

（1）问题导学。每次上新课的前一晚，教师通过微课掌上通班级圈发布提问帖、知识分享帖。帖子列出课题、相应的课程标准及引导语句，方便学生和家长了解本课所需掌握的内容及任务要求。教师在发布提问帖时应关注教学内容的确定和教学重难点，从学生好学、乐学的角度设计，致力于启发学生的高阶思维，持续推进学生的自学能力，引导学生学会质疑、学会提问、学会思考。

（2）分享资源。教师使用微信公众号、微课掌上通等平台把一些优秀的微课、优课、音频资料以及电子书籍、相关推荐文章、类似习题等资源分享给学生，扩大学生的知识面，助力学生解决问题，从学习方式的创新走向学习能力的培养。

（3）自学讨论。学生通过教师推送的课前资源和教材完成自学，在班级圈相应帖子的下方以评论的方式提出问题（图4~8），问题可以是自学后难以理解的知识或与本课相关的知识困惑，也可以是围绕相应知识所产生的思考、推测等。

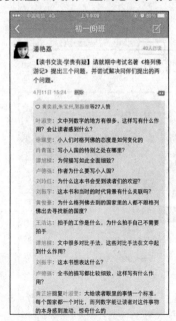

图4　七班学生针对第18课提问　　　图5　六班学生针对名著阅读提问

学生在提问之后可以观看其他同学的提问，扩大思考空间，对自己有能力解答的问题进行回复。家长也可以浏览教师提前提供的相关电子资料，通过刷新微课掌上通的班级圈，了解孩子的学习内容和讨论情况，有针对性地对孩子的问题进行引导、释疑，并参与交流。

教师在自学谈论结束后对学生提交且尚未得到合理解答的问题进行整理归类，挑选部分有价值的问题作为课堂教学的起点，围绕本课核心教学目标进行有针对性的二次备课。

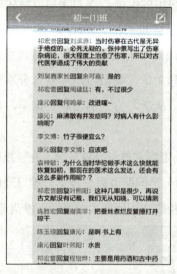

图6 初一（1）班学生的讨论图

图8 提供给家长的电子教材链接

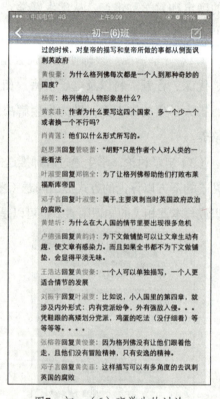

图7 初一（6）班学生的讨论

2. 课中环节

教师对学生所提问题和交流情况进行点评，鼓励学生质疑教材和他人答案，在辩论中提升思维品质，更接近于客观事实（图9）。对班级圈中尚未得到解答的问题进行归类展示：一类为陈述性知识问题，即学生通过阅读教材或教师推送的相关资料、信息检索、小组讨论、适度引导就可以解决的基础知识问题和知识拓展问题；另一类为程序性知识问题，主要为具有思辨性质的问题，具有探究性，通过习得陈述性知识，加深认识，并且学会举一反三，从而化为真正的学习能力。

对学生课堂讨论中生成的主要观点或有创新性思维的观点，鼓励其课下整理好，发布在班级圈的评论中，作为学生思考成果的展示，也作为今后教学的参考资料（图10）。

图9　学生利用平板电脑提问

图10　学生在微课掌上通班级圈回复

学生家长在白天工作之余可以随时刷新班级圈，共同探讨学习问题，分享生活和学习经验，为问题解答提供全新的思考角度。有些家长因为自己的专业特长对某些课程或者某些专题有自己独到的理解和研究，可以制作相应的微课资源进行点对点推送。利用微课掌上通、微信公众号的信息分享功能把教育资源推送到班级圈、聊天群和QQ群中，学生不仅会享受到更全面的教育教学资源，而且也会因为家长的关注而更加自律、上进、乐于分享和展示。

3. 课后环节

针对个别感兴趣的问题，学生在课后利用其他时间继续讨论，家长通过浏览讨论区能及时关注到孩子的思想，适时给予鼓励，引导孩子的成长（图11）。

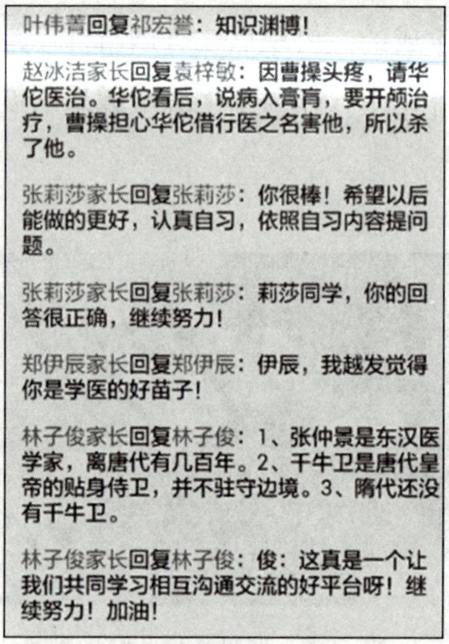
叶伟菁回复祁宏誉：知识渊博！

赵冰洁家长回复袁梓敏：因曹操头疼，请华佗医治。华佗看后，说病入膏肓，要开颅治疗，曹操担心华佗借行医之名害他，所以杀了他。

张莉莎家长回复张莉莎：你很棒！希望以后能做的更好，认真自习，依照自习内容提问题。

张莉莎家长回复张莉莎：莉莎同学，你的回答很正确，继续努力！

郑伊辰家长回复郑伊辰：伊辰，我越发觉得你是学医的好苗子！

林子俊家长回复林子俊：1、张仲景是东汉医学家，离唐代有几百年。2、千牛卫是唐代皇帝的贴身侍卫，并不驻守边境。3、隋代还没有千牛卫。

林子俊家长回复林子俊：俊：这真是一个让我们共同学习相互沟通交流的好平台呀！继续努力！加油！

图11　家长参与孩子的讨论并给予鼓励

家长在提问和参与回答的过程中，也会更新自身知识，保持与孩子的学习同步，从而与孩子拥有更多的共同话题，建立更良好的亲子关系。

（四）实施智慧评价

为鼓励教师、学生、家长持续参与“三位一体”的课堂，学校建立了一系列的评价机制。教师可以通过微课掌上通的后台统计，分析班级圈中该课的相关阅读和评论数据，及时通知未参与的家长关注孩子的学习，促进校内外良好教育生态的形成（图12）。对积极参与学校课堂实践的家长，学校大力表扬。对做出巨大贡献的家长，学校颁发“荣誉家长”证书。

图12　教师通过微课掌上通后台查看相关数据

　　学校对学生实施多元智慧评价体系，以发展性评价和过程性评价为主，通过学生微课掌上通上的学习表现和学习成果，关注其多元智能表现，多处追踪并多元比较，鼓励其在微课掌上通积极参与。对教师实行激励机制，教导处积极组织教学示范、展示活动，开展"三位一体"课堂教学竞赛，对积极推进课堂实践的教师予以表彰和奖励。

三、走向深度学习

　　学校以"走向深度学习的智慧课堂"为主线，继续构建以追求课堂学习效果为导向的教学管理体系和以促进教师专业发展为目标的校本培训体系，教学教研成果斐然。

1. 促进了学生的深度学习

　　智慧学习环境的构建强调课程建设、课堂实践、合作分享，注重与科技手段和信息化智慧校园系统相结合，致力于培养学生的高阶思维能力和综合分析能力，基于微课掌上通平台的"三位一体"的课堂实践使教师能以多维方式拓展教育实践，以信息技术延伸教育的时间和空间，以多样化的学习情境来促进学生的深度学习，并且探索了信息技术与课堂教学深度融合的新路径。如语文科组完善学校的"慧阅读"体系，加强智慧学习环境下名著阅读教学探索；数学科组探索了基于UMU的周末作业讲评在线课程，并利用当前流行的H5技术，借助iH5、WPS、H5等工具，制作了以学科探究为主的在线数学小工具；物理科组探索了"吃掉物理"和"NB实验室"等App的使用，通过虚拟实验与课堂教学的融合，有效提高复习课效率；道法科组利用学生情境表演系列微课辅助教学；历史科组制作了优课、微课的片头片尾，完成了"每人一课"的微课制作任务；地理科组探究了希沃白板、问卷星、猿题库、AR秒懂课堂、UMU等软件与初中地理教学的深度融合，并重点研讨了如何利用数据分析进行二次备课；生物科组探索了平板教学与实验技能的有机结合，研究了数码显微互动系统提高学习效果可视化的实施路径。各科在线作业的布置和各种大数据评测也有效丰富了课堂教学内容，提升了教学效率。通过网络问卷调查和市级基础教育阶段学科期末检测数据表明，我校学生的学习兴趣和深度学习能力比同级同类学校的学生高出20%左右，厌学的学生数量少25%，学生对于课堂的整体满意度较高。

2. 促进了教师的专业发展

信息化素养是未来社会人才的必备能力。对于教师而言，学生、家长了解信息更便利、更丰富、更全面，自然会对教师提出更高的要求。基于"三位一体"的智慧课堂实践促进了教师教学观念的转变，使教师勇于尝试新方法、新手段，善于总结与反思，在创新教学活动的过程中迸发智慧和热情，成为教师专业成长的新契机。

松山湖实验中学办学第一年，学校教师参加东莞市首届慕课创新案例比赛荣获一等奖4项、二等奖2项，获奖数量和质量位居全市之冠。2017年，学校获评广东省中小学教师信息技术应用能力提升工程示范校，这是对学校教师信息技术素养的充分肯定。

3. 形成了与信息化高度融合的特色项目

学校持续推进"走向深度学习"的智慧课堂教学改革，探索学科特色的信息化融合，各科组积极开展基于学科特色的智慧课堂探索与实践。语文、数学、英语、物理、道法、地理等科组参加东莞市第三届慕课创新案例的评比活动，均获得很好成绩。

四、特色创新

1. 丰富校本课程体系

家长群体是很丰富的教育资源库。"三位一体"智慧课堂实践极大地丰富了学校校本课程体系。家长可以借助微课掌上通平台非常方便地参与教育教学活动，助力学生良好性格的培养；家长可以利用信息技术支撑的线上、线下平台进行社团类活动课程的讲解和展示，扩大学校社团类课程的广度和深度，为学生的个性化培养打开了新的窗口……这些都为学生的成长提供了新的契机，也让家长更加理解学校的教育内容，更加支持学校的各项教育教学工作。在线平台强大的交互功能也使之成为可以随时随地学习的"家长学堂"，对提升家长素质起到促进作用。

2. 形成智慧教学模式

学校实现智慧校园网络全覆盖，为每一个学生配备了平板电脑，探索智慧课堂教学模式。课前学生通过微课掌上通平台或教师推送获得学习资料，进行自主学习。课中教师创设充满趣味的教学情境，积极开展网络合作、展示和交流，与学生、家长实时深度互动和及时反馈。学生在智慧学习环境下开展小组合作，发现问题并探究解决问题的方法。利用数字资源平台、平板教学平台和大数据分析平台等形成了基于智慧学习环境下的"三位一体"课堂教学模式。

3. 构建立体教育空间

构建"三位一体"的立体教育空间，不断探索各种方式，提高家庭、社会对学生校内学习的支持度与参与度。学校目前已经与三十多个企业及单位建立了教育实践合作关系，为学生的社会参与提供了大量的实践机会。学校面向社会各界征集"荣誉课程"，邀请博士、教授、企业家和家长专业人士开展校本课程、主题讲座，与学生尝试基于微课掌上通的线上或线下交流，极大地拓展了教育实践的时间和空间。学校让家长更多参与学校的各项教育教学活动，构建立体教育空间，让学生可以更好地走向社会、走向实践、全面发展。

4. 完善智慧评价体系

智慧评价体系以发展性评价和过程性评价为主，改变了教师单一评价主体的现状，实施多元评价。通过系统大数据分析平台记录教学和学习过程，关注

171

学生的多元智能表现，促进学生全面而个性化的发展。

5. 形成学校的特色，在全国具有一定的影响力

基于智慧学习环境下的"三位一体"课堂实践使学校办学理念落实到日常的教育教学活动中，促进了学校教育信息化特色的形成。学校荣获国家教育信息化产业技术创新实验学校、东莞市百校创新人才培育基地、东莞市慕课试点学校等荣誉称号。2015—2016年期间，在市级教研活动中，学校课题实践组开展的经验介绍或专题讲座达6次；在深圳召开的2015年全国基础教育改革论坛上，学校作为特邀嘉宾做主题发言；在广东省教育厅主办的2016广东省基础教育信息化应用现场会上，学校语文教师代表东莞市上智慧课堂现场展示课，穿插了"三位一体"的课堂讨论截图，获得省教育专家的一致好评；在广州召开的2016未来教育国际论坛上，学校介绍了教育信息化办学特色。在论文方面，我校有4篇论文在国家核心期刊《教育信息化》上发表。2017年，学校第二届开放日到访的教育同行达到1000人以上，平时来校参观交流的教育同行达到3000人次以上。

第五章

培养全面发展的创新人才

《国家中长期教育改革和发展规划纲要（2010—2020年）》强调："创新人才培养体制，加速解决经济社会发展对高质量多样化人才需要与教育培养能力不足的矛盾。"如何满足社会对创新型、实用型、复合型人才的需求，已经成为学校教育面对的挑战。

从我国著名教育家陶行知提出"解放儿童的创造力，回归创造本性"开始，创造教育在近百年的实践研究中不断完善为新型现代教育理念，对培养未来人才素质提出"重视创新精神、创造才能和现代意识的培养，以及提升独立获取知识并运用知识解决实际问题的能力，尊重人格并发展个性特征"的目标。

第一节　立德树人，引导学生守正出新

一、围绕"立德树人"，创新育人目标

党的十八大报告指出："把立德树人作为教育的根本任务，培养德、智、体、美、劳全面发展的社会主义建设者和接班人。""立德树人"首次被确立为教育的根本任务，更指明了今后教育改革发展的方向。立德树人，即教育事业不仅要传授知识、培养能力，还要把社会主义核心价值体系融入国民教育体系之中，引导学生树立正确的世界观、人生观、价值观、荣辱观。

"培养什么人、怎样培养人"，是教育的根本问题和永恒主题。人们不会忘记那则故事。有人问一位诺贝尔奖获得者"您在哪所学校学到了最重要的东西？"那位诺贝尔奖获得者这样回答："在幼儿园，我学到了不是自己的东西不要拿、做错事要道歉、仔细观察大自然。从根本上说，这是我一生学到的最重要的东西。"幼儿园学到的是最重要的东西？在看似矛盾的回答中，这位诺奖获得者道出了教育的根本，即立德树人。

立德树人，就是要培育学生健全的人格。教育是塑造人的灵魂的伟大事业，是心灵与心灵的沟通、灵魂与灵魂的交融、人格与人格的对话。要高度重视对学生的人文关怀，营造良好的师生关系、同学关系，为培育学生的健全人格提供良好的氛围。关注学生的内心世界，塑造学生纯真完美的心灵；加强学生心理辅导，注重对学习困难学生、贫困家庭学生、单亲家庭学生、留守儿童、流动人口子女等特殊群体的关怀和帮助；认真发掘学科中蕴涵的健全人格教育资源，将显性教育与隐性教育结合起来，使学生在获取知识的同时得到人格的滋养与涵育，把学生发展从知识层面提升到生命发展层面。

立德树人，就是要促进学生全面发展。人的全面发展是人类的崇高追求，

是人的发展和社会发展的最高目标和最终价值取向。教育作为实现人的全面发展的重要途径，必须以学生为本，关注学生的全面发展、持续发展、终身发展和健康成长。在新时代，更应增强学校德育工作的时效性和有效性。

围绕立德树人的根本任务，结合学校培养具有民族精神、国际视野和创造性人格的优秀学子的育人目标，学校构建了创造教育理念下的智慧德育体系，并不断优化。

1. 智慧德育指导思想

加强社会主义核心价值观教育，加强公民意识教育，坚持"三全"德育（全员、全面、全程）与"三生"德育（生命、生活、生态）原则，构建德育目标体系，健全德育管理机制，建立学校、家庭、社会三结合的育人网络，构建智慧德育体系。

2. 智慧德育任务目标

体现自主性、智慧性、发展性的德育工作，积极培育和践行社会主义核心价值观，弘扬中华民族传统美德，营造善于学习、勤于反思、乐于实践、勇于创新的学校氛围。以培育公民素养为核心，增强学生的责任感和感恩情怀，形成一致的价值取向，推动学校的发展，提升学校的品质。立足传统美德的同时，还要培养学生现代文明习惯，树立思想独立和勇于担当的意识，形成自主、自律的学生文化，使学生发展成为有社会主义理想、有社会责任感和历史使命感的高素质、创新型人才。

二、更新德育理念，探求德育规律

德育理念是指人们经过长期蕴蓄而形成的关于德育发展的一种理想性、精神性、持续性的相对稳定的价值追求，是德育工作的指导思想，具有科学性和前瞻性。

我国社会在改革开放的浪潮洗涤下，人们的思维方式、生活方式和社会环境已发生了巨大变化，学生的身心特点在新的时代中已有新的表现方式。

多元的价值观、日新月异的社会、海量信息的包围，让德育发展面临着前所未有的挑战和机遇。照本宣科式的教育或许能用分数"考出"高低，但无法将"德"字镌刻在学生心头。只有切实增强思想政治教育的针对性、实效性和亲和力、感染力，为学生健康成长营造良好的环境氛围，才能让社会主义核心价值体系真正入脑、入心。

学校德育工作者应剖析新的特征，改革传统德育思路及模式，与时俱进，树立崭新的德育理念，把"教书育人、管理育人、服务育人"的理念现代化。既要坚持德育方向的正确性，又要尊重学生在价值取向上的选择性；既要坚持社会主义意识形态的主导性，又要承认思想观念的层次性，从而坚持德育的正确导向。

学校要与时俱进，积极探索新形势下的德育规律，把立德树人与学生的潜能挖掘、学业成长、个性发展结合起来，使德育工作真正深入学生的心灵，进而成为促进学生改善自我、全面发展、成长成才的原动力。只有把学生作为学校德育工作的主体，把促进学生成长成才作为学校德育工作的价值取向，学校德育工作才能更具时代性、实战性和有效性。

1. 强化全员育人，为学生的发展保驾护航

建立学生导师制度。学生导师由教师担任，主要工作就是倾听学生心声，引导学生解决各种困难。其具体要求是：指导学生选修课程，制订适合自己的学习计划；指导学生掌握适当的学习方法，克服各种困难；指导学生圆满完成学业，并为学生的未来规划提供咨询。

建立学长团制度。选拔一批品学兼优的学长担任低年级学生的辅导工作，在科学选课、制订计划、参与社团活动等方面发挥示范、引领、传承的作用，帮助学生愉快、充实地度过初中生活。

2. 构建德育内容序列，为学生的发展奠定基础

架构三个年级纵向衔接和学校、社会、家庭横向沟通为主要特点的学校德育框架，逐步形成具有松湖实中特色的、有针对性和实效性的德育内容系列，如爱国主义与民族精神教育系列、行为规范养成教育系列、道德诚信教育系列、遵纪守法教育系列、心理健康教育与生命教育系列、创造教育系列、实践教育系列，以及理想、信念及生涯教育系列等。

3. 借助德育"慧平台"，挖掘德育"慧资源"，提升德育实效性

针对学生信息原住民提点，通过数字故事、德育微课、智慧手环、智慧班牌、体验活动等模拟对话情境，营造仿真德育环境，让学生在体验中感悟，提升德育时效。

三、创新育人模式，营造和谐氛围

创新学科育人，挖掘课堂教学中的德育功能。首先，思想品德教学是德育教育的主渠道。道德与法治学科教师应利用教材内容加大德育教育力度，时时结合实际情况进行德育教学。其次，除语文和道法课外，其他学科也应该渗透德育的理性内容，这也是学生德育工作的重要渠道。例如，语文课在培养学生热爱祖国、高尚的道德情操和健康的审美情趣方面，具有独特的功能，另外在其他学科教学过程中，都或多或少地涉及国情、爱国主义、职业道德等相关知识。各学科教师都应树立德育意识，在进行学科知识教育的同时，注意发挥学科的德育功能，有意识地在教学中渗透对学生的德育教育，多方面地影响学生的德育发展。再次，课堂教育不仅限于教师讲授知识，还要适当创新教学方法，把教学内容与德育教育结合在多种形式的活动中，如座谈、演讲、讨论、文体活动……通过这些方式调动学生的学习兴趣，引导学生感悟知识、感悟美丑、感悟人生，增强德育内化效果，多渠道地促进学生综合素质的不断提高。

创新课程体系，开设德育系列专题课程。建立培养学生文雅气质、沟通能力、阅读爱好、探究精神、健身习惯、生活技能六大素养的养成教育德育课程体系，让每一个学生学会沟通、学会做人、学会生活、学会学习、学会健体、学会审美。

创新活动育人，推动活动课程综合化。将读书节、体育节、艺术节、创客节和校庆日等系列活动形成精品德育课程。

创新实践育人，推动特色课程精品化，进一步优化升级综合实践、研学、STEM、财商、生涯规划等实践特色课程，以基于学科融合、团队协作和探究实践为学习方式，创新学生培养新模式。

创新文化育人，推动学习空间改造升级。基于满足学生多元化学习需求为目的，融合课程建设、数字化建设重新设计改造学习空间，更进一步体现学习空间、文化环境的育人功能。

创新社团育人，推动学生自主能力的培养。第一步，依托学校丰富的校本课程体系，培育发展多样化学生社团；第二步，引导学生自主管理社团，发展学生的自主管理和自主发展的能力；第三步，引导学生自主设计、承办社团活动，提高学生综合实践的能力；第四步，鼓励和指导社团微创业，培养学生的创业精神与合作能力。

构建"家庭—学校—社会—数字化"混合式育人模式，利用信息技术和数字化手段，探索"线上家长学校"家庭教育校本课程，构建以学生为中心，涵盖家庭、学校、社会的多元育人模式。

四、一切为了学生，增强德育效能

教书是育人，学校管理中教师队伍的管理、教学环节的管理、学生纪律的管理、校园文化的管理、后勤服务的管理都要服从和服务于育人。学校的德育工作应该渗透到学校管理的所有环节中去。学校管理和学生的生活成长密切相关，也和学生德育有着密切的关系。因此，学校的教书育人、管理育人、服务育人必须以学生为中心，充分考虑如何更有利于学生思想道德素质的培养，进而不断修改、完善学校的管理制度和措施，使之更好地发挥其德育功能。

"一切为了学生，为了学生的一切"，这不仅仅是口号，而且是目标，并付诸行动。教师都应该清醒地认识到，"一切为了学生，为了学生的一切"是教育成败的关键，必须亲自参与到实践中。只有坚持塑造人与服务人相统一，坚持以德治校与依法治教相结合，才能增强学校的吸引力和凝聚力，才能为学生的成长成才创造有益的校园氛围，才能促进学校更好地生存与发展。

五、加强德育研究，探索立德树人新思路

学校的主要任务是要为社会培养有用的人才，而新时期对教育又提出了新的更高的要求，即在传授知识和技能的同时，必须重视学生的思想道德教育。这是教育的显著特点，而当代教育则应该更加突出立德树人。如何看待学生、如何培养学生已成为教育者必须深思的重要课题，只有尊重教育规律和学生身心发展规律，更加主动地研究德育工作，找准突破口，将德育与学生的潜能挖掘、技能成长和个性发展结合起来，才能使德育工作真正深入学生的心灵。

教师的多重身份对教师的品德修养、职业修养、知识结构、业务水平诸方面都提出了更高的要求，这些要求使"爱国守法、爱岗敬业、关爱学生、教书

育人、为人师表、终身学习"的规范变得尤为重要。因此，教师要与时俱进、探索创新。

首先，在科学理论指导下创新。在科学的世界观和方法论的指导下，思路才会符合客观规律，工作才能更有成效。其次，在实践活动中创新。课堂教学、听课评课、班级管理、常规检查等日常工作，都会提供发现的契机。最后，在调查基础上创新。学校要把党的教育政策、上级的工作部署同自己的工作实际结合起来，加强调研，发现经验、发现典型、发现问题，寻找科学的措施和对策。

创造是最高层次的教育目标，创造教育是一种综合性教育。根据多元智能理论，每个人身上的八种智能都是同等重要且彼此补充的。实践研究也表明，19世纪工业革命以来，诺贝尔奖获得者都具备很强的综合能力。因此，创造教育下的学生发展是真正的德、智、体、美、劳全面发展，是核心素养的全面开发。

学校德育处根据中学生身心发展规律，不断研究探索新形势下德育工作的新方法、新途径，努力落实立德树人工作任务，重视学生的养成教育，继续推进活动育人的德育实践，提高德育工作的针对性和实效性。

加强价值引领，建设高水平德育团队。积极开展班主任订单式培训，促进班主任的专业成长。例如李永义、王睿凯、吴超龙、景开想等老师，对全校班主任和40岁以下教师开展了德育校本培训活动。学校涌现出一批师德高尚、业绩显著的优秀班主任，如尹裕盛、王晓旭、杨岳如、吴超龙、戴伦传、林海妹、刘桂红、张景艳、康青青、李晶、钱韦嘉、黄煜仪等老师。

加强研究探索，提高德育工作专业能力。学校由教师自发成立了一些研究小组，积极开展交流与分享，如王睿凯老师为广东省中小学骨干校长高级研修班做《智慧德育的探索》讲座，钱韦嘉、林晓红老师在教学开放日做班会课展示，展示主题有《谦谦君子，满分女生》《让学习生活更有趣》等。

六、拓展德育路径，提升智慧德育品质

以社会主义核心价值观为指导，以立德树人为核心，以提高学生公民素养及传统美德为重点，学校在不断探索新形势下智慧德育工作的新路径，促进学

生全面、和谐、健康的发展。

（一）加强价值引领，建设高水平德育团队

1. 搭建智慧德育体系

在整理总结智慧德育创新实践的基础上，学校搭建了落实立德树人根本任务，涵盖公民素养、传统美德、"三生"教育等核心内容的德育体系，为进一步固化学校德育工作成果奠定基础。

2. 建设优秀育人团队

在每周班主任常规培训的基础上，学校推出了传统文化、"三生"教育、生命教育、防范校园欺凌、扫黑除恶、校园意外事件应急救护、校园紧急事件处理、消防安全教育等主题培训活动，切实提高德育团队的专业素质。学校涌现出一批师德高尚、业绩显著的先进班主任：如初一年级的周静、李佩佩、陈思颖、朱锡涌、杨山青；初二年级的钱韦嘉、黄煜仪、康青青、张现琦、朱栗叶；初三年级的吴超龙、林海妹、何国钊、刘桂红等。

（二）培育公民素养，夯实学生发展基础

1. 重视养成教育

在常规开展初一新生教育、初二德育基地综合实践活动的基础上，深入推进"传统文化进校园"德育课程，《弟子规》《孝经》等专题讲座与班级常规化的国学诵读相结合，发放《学生每日反思本》，培养学生每日自省的良好习惯，让国学精粹由内而外涵养学生的品德素养。学校实施的优秀传统文化进校园活动，巩固了创文成果，学校也荣获"广东省安全文明校园"称号。学校每周一期推出"明星学生"成长故事，呈现了一批全面发展的明星学生，为全体学生树立了榜样。

2. 重视主题培训

德育处以创建广东省安全文明校园为契机，扎实开展禁毒防毒、防范艾滋病、防范校园欺凌、防范校园诈骗、法制、交通安全、应急救护、防范溺水等主题培训活动，开展了青春期心理讲座、插班生会议，建立宿舍学生申诉制度等，做到润物无声、春风化雨、深入人心。

（三）强化德育活动，促进学生素质提升

1. 活动育人培养学生综合素养

学校德育处组织相关科组按计划推进了体育节、艺术节、校庆日等品牌文化活动，搭建师生参与的舞台，让学生在各类活动的组织策划、协作展示和反思总结中收获成长。校团委、学生会、学生社团参与校庆日、开学典礼、国旗下讲话、校园志愿者服务等活动，培养学生的综合素养。

2. 智慧评价关注学生成长全过程

在学生智慧评价框架下，德育处细化了德育评价内容，健全了"三好学生""德雅之星""卓越之星""超越之星""形象大使"等学生评价制度，关注学生成长全过程。

（四）加强家校合作，创建和谐育人生态

办学以来，学校不断探索实践家校合作新模式，创建了有利于学生身心健康发展的和谐育人生态。学校成立家长委员会并为其开展活动提供协助，明确家长督学、家庭教育讲座、寒暑期研学游、家长志愿者服务等家校合作内容，促使家长委员会成为学校教育的参与者和合作者。

开展"父母学堂"等家庭教育课程。例如邀请郝东做《与青春期孩子的沟通》讲座，引导家长正确引导子女顺利度过青春期；针对实际问题开展主题教育，如学校曾发生一起学生宿舍纠纷，学校多次搭建平等对话平台，协助相关家长解决纠纷；及时开展"防范校园欺凌"主题教育活动，有效地增强了学生遵纪守法的意识，规范了学生的行为习惯。

 附：

松湖实中是你永远的家

——在2018届学生毕业典礼上的发言

亲爱的同学们：

今天是个特殊的日子，松山湖实验中学2018届全体同学圆满完成初中三年的学业，顺利毕业了！在此，我谨代表学校，向全体毕业生致以最热烈的祝贺！也向辛勤培育你们成长的父母、老师致以最崇高的敬意和衷心的感谢！

　　同学们，今天你们毕业了，这是你们人生中重要的时刻之一。对我而言，这也是一个非常特殊的时刻，我的心情特别激动。也许在东莞四万多初中毕业生中，你们只是其中普通的一员。但对于我们学校而言，你们是承载了满满希望的第一届学子，你们都是老师眼中最珍贵的存在！我想起了三年前你们踏进学校的前一天晚上，我们的班主任、科任教师满心欢喜地打扫教室迎接你们，一直忙碌到晚上十一点多。我也想起了在我的素养课上，同学们那一双双渴望知识的眼神、一张张洋溢快乐的笑脸。这些都是我永远忘不了的记忆。昨天下午，我像往常一样走到我们初三绘新楼，看到干净的地面、整齐的桌椅，还有黑板上真诚的祝福，我心中好感动。同学们离校以后，我看着空荡荡的教室、空荡荡的走廊，我的心也空荡荡的，好不是滋味。三年，一晃而过，明明知道大家今天还会回来，我却是那么的不舍，思念已经悄然开始了。

　　初中毕业，你们从青涩懵懂逐渐变得成熟懂事了，成长、成熟，正是三年初中生活赋予你们的最宝贵的财富。同学们，还记得第一届体育节上的加油呐喊吗？还记得第一届艺术节上的紧张与兴奋吗？还记得第一届创客节的激情与热烈吗？还记得老师们每一次的陪伴与教导吗？还记得身边同学日日夜夜的相处与鼓励吗？还记得尔雅书吧的美好环境和快乐体验吗？还记得图书馆的七彩凳子和安静时光吗？这些美好的记忆将会是你们日后人生快乐时的锦上添花、失意时的雪中送炭，会温暖我们一辈子！我很欣慰的是，松湖实中给大家营造了一个有爱的环境，搭建了丰富的成长平台。每一个同学都可以得到身边人的爱和支持、关怀和照顾；都可以按照自己喜欢的样子选择课程，个性化成长。同学们的每一次成功和每一点进步，都有父母、师长、朋友、学校在支持着你们，还有背后强大的祖国以及和平繁荣的时代在托举着你们。所以，我希望每个同学都要感恩父母、感恩师长、感恩朋友、感恩学校，感恩每一位直接或间接支持和帮助我们的人。懂得感恩，才会让我们心中永远充满爱，积极发现和感知生活的美好，从而让我们的内心变得更加充盈和丰富！

　　回忆在松湖实中的青春岁月，希望能带给你们前行的勇气和力量；展望未来的康庄大道，希望能带给你们拼搏的决心和斗志！如今，同学们即将走出松湖实中，走进高中，走向世界。请大家不要忘记，你们身上有松湖实中的烙印，你们代表了松湖实中学生的素质，学弟学妹都要以你们为榜样。我衷心希望，我们的学子用最大的真诚做人，尽最大的努力做事，用能力改变能改变的，用胸怀接受不能改变的，用智慧创造自己的未来。同时，我也殷切地期待大家带着在松湖实中养成的美好品质走向高中，让"乐学求是，守正出新"永远闪耀在松湖学子人生的地图上，成为指引你们迈向一座又一座高峰的灯塔！

同学们，今天的大会结束以后，学校就成为你们的母校了。临行前，我似乎还有好多话要说，但我最想说的是：松湖实中是你们永远的家，希望同学们常回家看看！看看陪伴你们成长的老师，握一握他们的手；看看校园里的桂花树、莲花池，这是陪伴你们学习和生活了三年的地方。明天归来的你，无论是带着成功的喜悦，还是带着旅途的疲惫，母校永远是你们心灵的港湾。

亲爱的同学们，带着快乐去做自己的太阳吧！我衷心祝福大家前程似锦！

谢谢！

万飞

第二节 德育管理，精细与创新并存

学校教育要坚持树立以人为本、德育为首的理念。将精细化管理理念引入教育领域，用于学校德育管理，要求每一项制度都要精细，每一个环节都要精心，每一项活动都要精致，学校的德育精细化管理需要一步一个脚印地探索和实践。

一、健全精细化管理制度，规范学生道德品行

德育工作大到宏观管理，小到每一个工作环节，都需制定精细化的管理制度。只有制度做到了健全完善，才能使学校的管理走上规范化、科学化的轨道。有了健全的制度，怎么去落实，这至关重要。学校都会把规范学生道德品行、养成良好的行为习惯作为重点工作来抓。

为了更好地落实学校的各项管理制度，德育处采用多种形式帮助学生理解并执行，进一步规范自己的言行。学校从细小的常规做起，力争做到精心。例如，为了让学生能够牢记《中小学生守则》《学生日常行为规范》等规定，德育处号召学生开展"创编儿歌或三字经"竞赛活动，帮助学生进一步规范自己的言行，增强规范意识。通过让学生自己创编三字经等形式，帮助学生记住一些在校的日常行为规范，既能锻炼学生的能力，又有助于良好习惯的养成。如果仅靠教师在晨会、班队会中一味地讲解学校的各项规章制度，学生就会感到枯燥无味，制度就犹如摆设，终将成为一纸空文。

二、创新德育精细化活动，强化学生自我教育

丰富多彩的德育活动既是学生自我展示、自我飞翔的平台，也是学生自我

教育、深受思想和心灵启迪的契机。学校德育处、少先大队部紧密结合思想道德实际，不仅发挥两会（晨会、班队会）、一话（国旗下讲话）、一室（心理教育咨询室）、一课（品社课）的教育作用，还坚持每月一个教育主题，开展丰富多彩的德育活动，让学生在活动中受感染、受教育。

"月月有主题，月月有活动，紧跟时代步伐，大胆创新德育活动"，这是学校德育工作长期坚持并一直在努力探索的德育课题。为了顺应时代的发展，积极响应"争当四好少年"活动，学校精心设计了"四好少年奖章"，每一枚都是不同的颜色："热爱祖国，理想远大"奖章是红色，代表了爱国要有热情；"勤奋学习，追求上进"奖章是蓝色，代表了知识如海洋一样深奥；"品德优良、团结友爱"奖章是绿色，绿色是生命之色，良好的品德是做人之本；"体魄强健、活泼开朗"奖章是黄色，代表着健康、阳光。每个月开展一项主题活动，每个月争戴一枚奖章，月月有评比，让学生在生活中培养能力、锻炼意志。引领每个学生健康成长、全面发展，这是学校德育方面一直追求的目标。

三、注重管理手段精细化，培养学生行为习惯

细节决定成败。德育成果的显现，往往体现在生活的细节中，体现在学生的一言一行中。德育教育的重点就是培养学生良好的行为习惯，那应如何采取措施和手段，培养学生良好的行为习惯呢？这离不开科学的方法指导和精细化管理。既要"管"，又要"理"，需要每一位德育管理者善于观察、善于思考、善于实践，从大处着眼，从小处入手，立足点滴，从身边做起，经过长时间的反复训练，逐步使学生自觉养成良好的习惯。

学校特别重视中华传统文化的传承和发扬。在学习传统文化方面加大力度，制定了详细的计划，力求做到知行合一。从起始年级开始实施经典诵读计划，以《弟子规》为日常行为规范，大力开展了"晨诵暮读""守护天使""每日反思""尽善止恶""班规三字经""德雅影院""专家讲座"等活动。在传统文化的熏陶下，学生们文明有礼，乐学上进。

学校设置了德雅卡体系，将中华传统美德与社会主义核心价值观融合。设置了9张优秀卡，涉及仁、义、礼、智、信、忠、孝学八个方面，并设总卡——德雅金卡，颁给集齐8张卡的同学。根据学生表现，颁发相应的卡。每张卡有不

同的奖励措施，如德育分加倍、惩罚减半、为同学担保、成为学校宣传大使等。

例如"仁优卡"的获得条件是符合《弟子规》中"泛爱众""亲仁"的要求及社会主义核心价值观"和谐"的内涵。仁者爱人，团结同学，尊敬师长，不在班级、宿舍、家庭制造矛盾；能换位思考，为他人着想；听到对自己批评的声音，不抱怨、不怨恨，有则改之，无则加勉；面对做好事的机会"当仁不让"，能做到日行一善。

又如"义优卡"的获得条件是符合《弟子规》中"出则悌"的要求及社会主义核心价值观"文明""友善"的内涵。对兄弟姐妹、朋友有道义，善待朋友、关心朋友、帮助朋友、理解朋友、体谅朋友、规劝朋友。

再如"礼优卡"的获得条件是符合《弟子规》中"谨"和"信"的要求及社会主义核心价值观"文明""友善"的内涵。尊敬师长，遵守校规、班规；口头用语文明，不说脏话，不传谣言，不讽刺挖苦同学；不浏览、不传播不良信息（黄赌毒暴）；不带违纪物品（电子产品）。（图1）

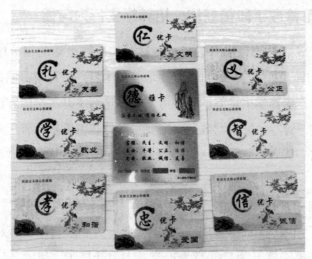

图1 "德雅卡"将社会主义核心价值观与中华传统美德融合

四、建立精细化评价机制，激励学生多元发展

1. 开发智慧评价系统

多维度评价。改变过去只关注学业成绩等单一的评价方式，创设十大模

块，十大模块又涵盖53个观测点，力求全面观测学生的独特性。

多元化评价。不仅实现任课教师人人评价，还开发了学生、家长、社区、线上线下数据融合的评价2.0版。

过程性评价。对学生日常学习和生活的评测与记录细化到每一天、每一节课、每一场活动、每一次作业、每一次考试等，通过数据平台进行。

2. 建立常规考评制度

学校建立了德育处与年级组考评相结合、教师评价和学生评价相结合、周评与月评相结合的机制，每一项评价都能做到"公正、公平、公开"，激励师生积极参与学校开展的各项活动。评价机制要有一定的灵活性，因人而异，不能"一刀切"。例如，"四好少年"争章活动制定了一系列长效评价标准，不仅激活了德育多元化评价机制，而且培养了学生的意志品质。在评价方式上克服了过去单一评价的不足，以学生自评为主，学生、教师、家长共同参与，有利于促进师生、生生、亲子关系的和谐，从而形成教育合力。又如读书活动的开展，学校开辟了专门的"读书长廊"，营造了浓郁的读书氛围。

总之，良好的行为习惯其实就是生活中的一个个小细节。如果把教师比作辛勤的园丁，那么学生则是祖国的花朵，花朵的根系就是日常生活中的细节，细节做好了，花的根系才能粗壮；根系粗壮了，花朵自然开得更加鲜艳。小细节，大德育，只要做到管理精细化，德育定有大变化。

五、抓好德育队伍建设，构建良好的育人环境

班主任队伍建设是学校德育管理的重中之重，德育处坚持开展每周的班主任例会。在例会上，班主任进行有针对性的、应时性的交流与沟通，强化管理意识，提升管理水平，促进学校德育工作的全面提高。班主任用自己的真情付出和优秀表现赢得了学生的信任和家长的尊重，工作计划性强，细致落实，指导措施具有很强的可操作性，对培养年轻班主任起到了很好的作用。自己所带的班级班风优良，成绩突出，示范性强；任课教师工作富有经验，又有创新意识，班级团结上进；以年级管理为主要阵地，扎实开展德育工作。

1. 抓好班级常规管理，将智慧评价落到实处

德育处在学期初加强日常管理，并完善各项检查评比制度，组织班主任和

相关负责人先后制定了早读公约、晚修公约、学生晚修制度等，并对宿舍管理制度进行了研讨和修改。团委组织学生会干部每天进行检查和公布，力求做到常规制度化、要求具体化，努力提高制度的科学性和检查的执行力。从试行效果看，学生基本养成了较好的早读习惯，晚修能做到无声晚修，教室卫生和宿舍内务及纪律也有所进步。

例如，初一年级未雨绸缪，从暑假开始就积极行动，有条不紊地做好新生学前教育、年级师生会议、期中总结、年级文艺晚会、家长会等一系列工作，并结合初一的学生特点进行了一些行之有效的探索，如入学教育时安排学长、教官向学生家长推送《"菁菁校园"年级通讯》等，取得了较好的效果。师生关系融洽，学生过渡平稳，也涌现出了一些品学兼优的学生。

初二年级处于承前启后、继往开来的关键时期，即将面临迎接中考的重大挑战。德育处根据学校工作要求和年级的实际情况，将工作重点定位为固化学生良好的行为习惯，培养学生坚毅的学习品格，给学生搭设平台，让不同层次的学生有展示的空间。

好的德育体系离不开评价机制，好的评价机制不但能鼓励先进，起到引领、示范和辐射作用，更能指出发展方向，引导学生成长得更优秀。为此，学校构建了学生智慧评价体系，体现多元化评价、重视过程性评价，把学生的整个成长发展过程分为10个模块，共53个观测点，教师、学生和家长根据平时的表现进行登记，系统自动生成报告。经过探索和改进，学校的智慧评价体系已经逐渐完善，对学生综合素质的提升起到了较好的促进作用。

2. 践行全员导师制，抓好德育队伍建设

班主任队伍要加强培训，交流心得，提高班主任的管理水平显得尤为重要。德育处加强对班主任的业务培训和研讨，除了每周一上午第五节的班主任例会外，还要进行班主任培训活动，如邀请全国知名班主任、广东省名班主任工作室主持人钟杰老师与班主任进行了"班主任专业能力成长""学会沟通"两次研讨活动，大家都踊跃参与，积极讨论；杨岳如老师做《一个菜鸟班主任的成长之路》专题讲座，该文在《教师报》上发表；关淑怡老师代表学校上的班会课《让沟通畅通无阻》获得了钟杰老师的高度赞扬，决定把课堂实录收录在自己的著作中。此外，钟静老师做《做一个幸福的班主任》讲座，用自己的

成长之路阐述了幸福地做班主任之法。

导师制是贯彻学校全员育人理念的重要举措，是探索智慧德育的新途径。导师工作是班主任工作的重要辅助力量，也为全面实施全员育人积累经验。2017年，全校所有教职工担任导师，所有学生均有自己的导师。通过全员导师活动，教师和学生形成了很好的师生关系，学生定期向导师汇报自己的学习生活情况，结合导师有针对性的指导，获得更多的关爱和鼓励。

3. 关注学生成长，积极开展德育活动

活动是德育工作的有效载体，让学生在德育活动中学会判断、生成智慧、快乐成长，是学校德育工作的宗旨。本学期，德育处组织学生进行了有益的尝试。

校园创业课程。由每个班级（社团）承包学校的某块场地用于创业，要求有自己的长期规划，产品必须是原创产品，收益必须服务于公益，目的是培养学生的创业意识和社会担当。

校园志愿者活动。学校每个班级轮流承担一周校园志愿者活动，以培养学生的服务精神和责任意识。校学生会承办的失物招领处已经开设；各个大型活动中，学生志愿者忙碌的身影也成为校园里最亮丽的风景线。为了做好家校德育合作工作，学校积极支持松山湖园区开设的"父母学堂"，为家长定期举行专业培训；组建家长志愿者团队，每周放学时维护学校周边的交通秩序，指引车辆的有序停放，共同参与学校的管理。

六、构建现代化管理架构，渗透创造教育办学理念

社会主义核心价值观中的"自由"指的是人的精神属性，是人的本质的全面实现。新时代，自由是人民创造力的全面迸发。学校在尊重学生主体地位的基础上，发挥广大学生的创造活力，实施智慧管理，正是对"自由"的积极培育和践行。

例如学校推出智慧点餐系统，提升了学生的文明用餐意识。具体做法是：学生或学生家长可以在微信公众号上，或者学生专用学习平板上提前点餐。食堂汇总点餐数据，按需采购，避免浪费。学生凭指纹识别付款拿饭，减少了点餐时间，解决了排队难题。家长可以在手机上查询到学生的就餐消费记录，合

理地监督并指导学生膳食搭配，科学饮食。智慧点餐试行时，广大学生集思广益，纷纷献计献策，为智慧点餐出力。初二（14）班更是有学生进行了课题研究，提供特色菜谱供食堂参考（表1）。这是学校创造教育的成果体现，更是对社会主义核心价值观中"自由"的最好诠释。学生作为学校的主体、社会主义事业的未来接班人，能够及时发现问题，并利用创造性思维解决问题，正是体现了"自由"的应有之意。

智慧点餐这一措施，创造性地解决了学生吃饭难的问题。通过必要的监督和指导，学生能够养成文明用餐的习惯，这一创造性的管理也正是对社会主义核心价值观中"文明"的最好诠释。社会主义文明包括物质文明和精神文明两个组成部分，精神文明就是坚守道德、践行道德；物质文明包括尊重自然，倡导人与自然的和谐。学生文明用餐，坚守道德文明；食堂按需采购，节约粮食，都是尊重自然的一种表现。

表1　初二（14）班学生提供给食堂的特色菜谱

个性化点餐	欢乐餐	减肥餐	养生餐	健康餐	生理餐	开胃餐	补钙餐	增强记忆餐
早餐	蛋糕糯米鸡面粉类	小米粥	汤粉类	小米粥饺子	猪肝瘦肉粥	蛋糕	牛奶	皮蛋瘦肉粥
点心（大课间期间）	苹果香蕉石榴麦乐鸡豆腐串猪肉包烧卖	苹果香蕉雪梨马蹄糕	红豆沙南瓜饼小米糕红枣糕葡萄鸡蛋饼	玉米饺苹果雪梨橙子马蹄糕烧卖	红糖水猪蹄山药糕小米糕银耳红枣糖水	柠檬水泡椒凤爪圣女果香蕉南瓜饼	橙子萝卜牛腩豆腐串叉烧包	核桃酥奶黄包八宝粥莲子糕
午餐	菠萝咕噜肉糖醋里脊莲藕排骨汤香蕉奶昔	番茄炒鸡蛋凉拌黄瓜小鸡炖蘑菇龙骨山药汤苹果	韭菜炒鸡蛋小米粥清炒油菜葡萄老鸭汤	白灼秋葵白切鸡白灼菠菜鱼汤	小米粥红烧肉清炒莴苣	苦瓜炒鸡蛋柠檬水芦笋炒肉片草莓	西兰花炒肉上汤豆腐虾仁滑蛋牛奶	萝卜炖牛腩冬菇炒鸡蛋橙子

续 表

个性化 点餐	欢乐餐	减肥餐	养生餐	健康餐	生理餐	开胃餐	补钙餐	增强记 忆餐
晚餐	绿豆海带汤 醋熘土豆丝 上汤豆腐	金针菇瘦肉汤 青瓜炒瘦肉 凉拌秋葵	鸡汤韭菜炒鸡蛋 清炒油菜	上汤豆苗 红烧茄子	榨菜牛肉 清炒菠菜 麻油猪肝	蒸手撕包菜 糖醋里脊 土豆丝 苦瓜炒蛋 芦笋炒肉	骨头汤 番茄炒鸡蛋 青椒小炒肉	芥蓝炒牛肉 清炒莜麦菜 酿茄子

 附：

在松实的那些日子

2015级初三（6）班　叶淑雯

　　白驹过隙，时光荏苒，转眼间就奔进了炎炎夏日。我仍清晰地记得两年多前的八月二十六日，松实首届学子带着少年的青涩和懵懂，带着对初中三年美好生活的憧憬，踏进了这个镶着一层蓝天白云的校园。那时老师团队里只有五十人，学生只有两百七十多人，全校师生一起开启了新的征程。后来，我们迎来了一批批新老师，还有两届可爱的学弟学妹。大家过着平凡却依旧精彩的生活，一步一个脚印，丈量着这绿树蓝墙。

　　在松实的三年，一千多个日日夜夜，陪伴我的，是那丰富多彩的校本，是让人耳目一新的智慧课堂，是课后三五成群在走廊边哼唱着的首首歌，是细修再细修的画，是球场上圆滚滚的篮球，是比赛时挥洒下的汗水，还是饭堂里香喷喷的糯米鸡，是小卖部的一碗碗山水豆腐花，是那些为枯燥的学习生活增添光彩的节日。艺术节，我们利用休息时间排练节目，一次又一次改编和练习，最后在彩灯四射的舞台上散发最耀眼的光芒；体育节，运动健儿们在场上奔跑着、跳跃着，夺下一枚枚见证实力的金牌；创客节，把奇思妙想融入生活，把异想天开变为现实，亲手实践，感受创新的魅力。

　　我记得过去三年的点点滴滴，记得我所遇到的挫折、经历的成长，记得我青春的伙伴，也记得每日每夜陪伴我们的同学和三五知己，还有熬夜为我们批改作业的老师。

我记得，有次在课堂上用平板做随堂作业，无意间看见作业的发布时间接近凌晨一点。当时我抬头看了看讲台上的老师，他笑着，似乎阳光满面，可是谁又知道他昨天晚上几点才入睡。白板上的幻灯片赏心悦目，却不曾想那是老师用多少个夜晚费尽心思做出来的。他们总想着要给我们最好的资源，他们无私，他们有爱，他们希望我们能有锦绣前程。老师就像船工，日复一日、月复一月、年复一年，在青春的河畔将一批又一批孩子送到对岸，而自己却慢慢变老。

一日为师，终身为父，感恩应永远存在我们心里。

老师们说："文言字词古诗我们不仅要拿分，还要拿满分。""在直角坐标系世界里一切都是反的。""句子写倾斜，字母写饱满。"

老师们说："氢氦锂铍硼，碳氮氧氟氖。""物近像远像变大，物远像近像变小。""曹操不是三国的，是东汉末年的。""父母给予我们生命，抚育我们成长，教我们做人，他们应该得到爱的回报。"

他们把关爱化作一句句挂在嘴边的话，把牵挂化作一个个晚自习走廊巡行的脚步，把督促化作详细的学习安排。他们在前方，运筹帷幄，助我们决胜千里。

除了老师和同学们一成不变的关怀与陪伴外，还有我的成长。我曾看着有说有笑的他们，独自倾听滂沱大雨孤寂的呻吟，也曾埋头于书海，将负面情绪化为动力。我明白世上没有永远被照顾的人，只有自己才是自己人生路的名师。后来，我渐渐接受那些不想做的事情，明白爸妈、老师教我的都是对的。我开始享受付出，也随之走向阳关大道。在松实经历的这次内心的成长，如此深刻。

初中三年，为中考而准备，为美丽人生垫基础。在松实，我们创下了许多第一，拼到了很多更好，无处不留下我们奋斗的痕迹。我看见大家小腿上的一块块肌肉，那是日复一日坚持晚练所结的"果实"；我看见天才蒙蒙亮，就听见小跑进教室的脚步声，感受到大家起早贪黑的坚定。

我看见课桌边堆积成山的练习册，听见奋笔疾书发出的哗哗声。我们心怀信念，不忘初心，为了自己的梦想而努力奋斗着。

我们都是只有一只翅膀的天使，只有互相拥抱才能飞翔。倒计时的数字在一天天减小，为中考所做的准备一件件地完成。我们，快要分开了。我喜欢拍照，因为我想把所有美好的瞬间永久地保存；我喜欢写日记，因为我想在多年后重温这动人的青春时光。三年同窗情似海，相依相送奔东西。回眸走过的青春之路，拾起记忆的碎片，用心品味，忽然发现，里面闪烁的竟是幸福的光辉。我以勇敢的姿态站在征途的风雨中，无数的人给我了关怀和爱。这些炽热的爱为我撑一把挡雨的伞，使我的人生如此多彩。

我坚信，我们和松实，会手牵着手、肩并着肩，站在最耀眼的地方，享受最温暖的时光。

"长亭外，古道边，芳草碧连天……"我不知道有多少个星辰醉心其间，挥一挥手又怎能抹去这不绝如缕的眷恋。回忆绑住了我们的时间，时间扯断了我们的回忆。几载光阴如梦蝶，回首往事堪嗟叹。我们一起在松实栽下的桃花依旧盛开，那片小竹林的竹子依旧挺拔地立在那里，校园的角落充盈着欢声和笑语，一切的一切将永远烙印在我们心里。在松实的这些日子，是粉色的，承载着最美妙的青春。

我会想念您，老师和同学；我会把您锁在心里，我亲爱的松实。

镶着蓝天白云的松实，愿您的桃花满天飞、李子遍天下。敬您的书香漫漫，敬三年奋斗史。念松实三年情，怀永远的感恩心。

（指导老师：石永）

第三节　校本课程，促进学生创新发展

学校围绕培养"有民族精神、国际视野和创造性人格的学子"的育人目标，创建了创造教育理念下的"三创"课程体系。

"三创"课程体系把国家课程和校本课程整合起来，包括三个系列——创新系列课程、创作系列课程、创业系列课程，共同培育学生的核心素养。

创造教育是一门综合教育，强调夯实学生的学科知识基础，发展学生完整的智力，为激发学生内在创造力做准备。从这一点看，国家课程面向全体学生，强调全面性和基础性，为学生提供了自主发展所需要的知识基础，奠定了一个人终身受用的人文底蕴和科学素养。语文、数学、英语、道德与法治、历史、地理、物理、生物、化学、体育、美术、音乐、信息技术和综合实践活动等十几门国家必修学科，是中学生认识世界、改造世界的知识基础，能滋养和支持学生可持续发展。

对于国家必修课程，学校制定了完善的制度，保证各科课程开齐、开足、开好，确保各教学班严格按照课表上课。在实现路径上，学校一直进行着国家课程校本化探索，利用信息技术实践智慧课堂教学模式，并不断升级优化，现已成为学校智慧教育一张闪亮的名片。

一、开发校本课程，课程建设规范化

1. 学校建立了课程发展中心

该中心包括两个部门：一是课程开发指导委员会，由校长、社区代表、教师代表、家长代表和学生代表等组成；二是课程研发小组，由全体教师以及有意愿的社会人士组成。主要任务是国家课程和地方课程的校本化实施研究、校本课程的开发研究、编制《课程指南》和《选课指导手册》、建设学校课程资源库等。

2. 加强对综合实践课程组的指导

综合实践课程是国家课程，学校要求课程组落实平时的集体备课，开展实践课程全员培训。"走进企业"综合实践活动也是学校创造教育课程体系中的重要组成部分，曹顺老师牵头的初一综合实践课程组坚持开展基于主题的实践活动，培养学生的创新意识。例如2017年综合实践活动的研究主题是"企业知识产权"，学生通过专题讲座、查阅资料、前期调研、实地考察和小组汇报等完成综合实践活动，初一年级12个班的学生分两批实地考察了位于松山湖园区和长安、大朗的12家高新企业，获得了真实的体验，增长了社会知识，也培养自己的创新能力。初二年级综合实践课程组开展了以小课题研究为主的研究性学习，以"问题研究"培养学生的求异思维和创新能力。在刘文波老师的带领下，学生自选小课题，在年级组和班主任的协调下双向选定指导教师，有规范的主题确定、开题指导、行动指导和总结反思课，全年级学生共开展小课题研究32个。有些小课题进行了科学实践探究和全校性的调研，结题展示在新学期前三周进行。研究性学习是学生发现问题、解决问题的实践过程，对培养学生的学习能力有很大作用。

3. 规范课程管理和课程评价

学校建立了课程指南和课程管理方案，确保课程有序、有效实施。加强了对校本课程的管理，实行专人跟踪反馈当天课程的情况，强化校本课程的教学过程监督，健全并规范了校本课程的评价反馈机制，取得了良好的效果。

丰富多元的校本课程有全体必修、自主选修和建议选修三类，促进学生全面而个性化发展。优化校本课程是课程建设的中心工作，经过五年的开发、整合和传承，学校校本课程日益完善，形成了一批精品校本课程。在广东省第四届中小学生校本课程建设交流评比中，刘利玲、朱真莹老师荣获一等奖，孙向阳老师荣获二等奖，杨岳如、杨娟、凌波老师荣获三等奖。刘利玲老师在省交流会上作为获奖代表发言，展示了学校基于学生核心素养的校本课程实践的成果。

二、完善课程结构，校本课程特色发展

课程建设是学校的核心竞争力，作为一所高标准、高起点的学校，我们有责任、有义务去创造更优质的课程来满足学生的多元化需求。经过五年的开发、整合和提炼，学校的校本课程开设已具有学校特色。

学校围绕创造教育课程目标，开设校本课程190多门，形成了涵盖科技、人文、健康、交往、多素养融合的课程群。同时，学校实施"多主体参与"的智慧众筹模式，向社会专业人士征集荣誉课程，这些校本课程内容有分层、有分类，课时有长课、有短课，选择有指导、有自主，种类众多，内容丰富，形式多样，根据每个学生的兴趣、特长和能力层次进行"私人订制"，满足其个性化发展的需求，让学生尽情享受自主学习与探究的快乐。

在校本选报系统的设置上，学校推出了多方式助选的创新举措。每学期第三周推出校本课程介绍微视频和荣誉课程微信公众号，供学生提前了解自己感兴趣的课程，第四周由教导处组织三场校本选报指导会（包含面向实小六年级100名学生的选报指导会），指导学生科学选课。周末的网络平台选报也很顺利，很多课程一开放就被"秒杀"。家长和学生对学校的选修走班评价非常高，也吸引了众多省、市媒体争相报道。

面向全体学生做的网络测评及问卷调查显示，初一学生对选修课程的满意率为93.76%，初二学生满意率为95.66%。在开设的选修校本课程中，语文科组黄煜仪老师的《校园广播电视节目策划与制作》，数学科组梁锡林老师的《数独》，英语科组钱韦嘉老师的《快乐日语初级》、朱栗叶老师的《听歌看剧学韩语》，历史科组康青青老师的《做历史》、王楚颖老师的《历史王国》，政治科组刘利玲老师的《以案说法》、黄林老师的《生活中的法律》，物理科组尹裕盛老师的《多米诺骨牌》，生物科组叶敏仪老师的《花言茶语》，地理科组邱丽云老师的《茫茫时空我在等你》，信息团队高展鹏老师的《编程兴趣班》、刘文波老师的《模拟飞行》，体育科组李严益老师的《花样跳绳》、王东炜老师的《趣味排球》，音乐科组张淑珊老师的《芭蕾舞》，美术科组蔡惠玲老师的《装饰油画》等校本课程被评为精品校本课程。

同时，语文科组刘桂红老师的《玩味歌词》，数学科组杨娟老师的《趣

味数学》，英语科组朱锡涌老师的《快乐日语入门》，历史科组钟小敏老师的《做历史》、陈怀宇老师的《百家姓寻根》，物理科组何国钊老师的《让我们畅游在蔚蓝的海洋》、谭吉成老师的《物理学家的那些事》、李铸勋老师的《电子电路与制作（初级）》，生物科组柳玉君老师的《植物标本的制作——封存的美好》、胡美平老师的《创意手工皂》，地理科组朱真莹老师的《天文进阶》，信息科技团队张清泉老师的《基于Scratch的创意机器人制作》、曹顺老师的《科技实践创新》、吴永坤老师的《创意木工制作》，体育科组李刚毅老师的《定向越野》等一大批校本课程在学生调查中评价很高。学校也加强了对荣誉课程的管理，在课程开设、过程监督、评价反馈等方面和教师不断沟通。在已开设的荣誉课程中，钟健伟、刘竹老师的《缩微历史视界》、陈艳红老师的《茶艺班》、向中平老师的《点心制作》等课程深受学生欢迎，效果很好。

三、教研学相长，教师团队内涵发展

1. 以研促教，打造"和而不同"的科组团队

让教师拥有"幸福而完整的教育生涯"是学校始终不变的目标，创设和谐共生、和而不同的团队文化是各科组工作的追求。各科组结合学校智慧课堂的特点，以研促教，推进教师专业化发展。语文科组努力打造专注、钻研、专业的科组团队，强化组内教学研讨，共享资源，备课"精""深""准"，不断推进和完善我校的阅读评级考核活动，提升学校的阅读氛围；数学科组继续完善"基于合作学习的翻转课堂"，探索更加成熟高效的课堂流程，注重分层教学，加大对优生的培养力度，并完成了校本学习册的编印工作；英语科组在智慧课堂的探索方面引进了"一起作业网"，基于学生不同的英语水平布置巩固练习和阅读训练，针对外教的管理和备课沟通方面也做出了有益的尝试；物理科组积极探索基于学科特点的翻转课堂，通过微课自学、网络探究等不同形式进行基于任务单的前置实验，初步形成了概念规律课、实验课、复习课三种主要课型的智慧课堂教学流程。每年九月，学校举行科组工作展示分享会，各个科组以丰富多彩且独具特色的形式呈现工作点滴，分享宝贵经验，展示科组风采，成为学校科组文化建设的重要组成部分。

2. 科研兴校，积极开展课题研究工作

教育科研可以探索教育教学规律，是学校的第一生产力。学校科研工作虽然刚刚起步，但是教导处非常重视科研工作，加大校本培训的力度，积极鼓励教师申报课题，各科组也对教学中的热点、难点问题开展研究，构建了自主学习型的科研团队，取得了一定的成果。

学校申报的教育成果《基于创客教育的智慧学习环境构建的实践研究》荣获2016年度广东省中小学教育创新成果奖一等奖，这既是全省仅有的两个一等奖成果之一，也是东莞市多年来在广东省教育创新成果领域斩获的最高奖项。

在颁奖大会上，广东省教育促进会黎会长在讲话时重点推介：松山湖实验中学的课程建设、创客教育、选修走班、三位一体教育空间的构建等创新举措和实践，对于基础教育改革具有积极的意义和前瞻性的价值。

2019年7月，学校申报的《智慧环境下初中"三创"课程体系构建与实践》荣获广东省教育教学成果（基础教育）一等奖，该成果参展2019中国教育博览会，获得教育同仁们的普遍关注。

在课题立项方面，叶敏仪老师的《融合生物学核心素养的STEM课程设计方案》获2019年广东省青少年科技创新大赛科技辅导员科技教育创新成果一等奖，欧阳伟老师主持的课题《基于PAD的初中文言文教学策略研究》获2019年东莞市教育教学成果一等奖，道法科组课题《基于翻转课堂的道德与法治课程整合的实践研究》获市第十五届教育教学创新成果三等奖。2019年，学校万飞、唐维、李清、凌波、钟静、苏丽丽、徐凤仪、康一卉、邱镇勤等老师的市级以上课题结题，潘艳荔、林柏力、张清泉、林卓容、郭振维、刘文波等老师的省级课题开题，周琼平、欧阳伟、石永、刘利玲等老师的市级课题开题。这些科研成果和省、市级立项课题的研究，为下一阶段学校教育科研工作的开展指明了方向。

3. 培训交流，促进教师专业成长

教师的专业发展不仅是每一位教职工自身成长的需求，也是学校发展的基石，而培训就是最好的专业发展的福利。学校开展了教师暑期培训，从文化理念、德育实践、课堂探索、经验分享等方面对新入职教师进行校本培训，使他们尽快融入松实大家庭，此外平时邀请了国家级专家黎加厚、韩骏、钟杰、李克东等到校开展校本培训，语文、数学、英语、政治、物理等科组教师也被邀请外出交流。这些活动开阔了教师的眼界，提高了教研活动的有效性。语文科组的潘艳荔老师受聘为云南师大文学院国培讲师；历史科组的钟小敏老师受聘为华南师范大学历史文化学院师范技能指导教师；物理科组的姚杨海老师应邀到广州黄埔区和佛山南海区开设讲座；刘利玲与丁梦蕾老师参加粤教版《道德与法治》教学参考书的编写工作，撰写的教学设计获得"省级优秀教学设计"称号；欧阳伟、戴伦传、李慧健、刘桂红、丁梦蕾、钟小敏、陈怀宇、陈晶、李清等老师分别应邀作市级讲座和市级公开课。

在教育行政部门举办的各级各类比赛中，不少教师荣获佳绩，如叶敏仪、刘文波老师获得全国综合实践优质课一等奖；潘沛尧、曹顺、李铸勋老师代表广东省参加全国创新物理实验评比活动获两项全国二等奖；姚杨海老师参加广东省优秀教学论文评比活动，获全国二等奖；李铸勋和潘沛尧老师荣获广东省初中物理实验教学说课比赛优秀奖；康一卉老师的优课《Section B 1a-1e》被评为2015—2016年度教育部优秀课例；唐维老师的论文《"微创新"视觉下体育课堂构建研究》在第八届中国学校体育科学论文报告会上获得全国二等奖。此外，郭振维、杨森、李清、李彩凤、欧阳伟、杨岳如等老师的论文分别获得省、市级奖励。

4. 搭建平台，积极参加学科竞赛活动

截至2018年8月，学生申请专利12项，有8位学生被评为"广东省科学家小院士"。在校学生在各学科竞赛中表现突出，荣获国际奖项15人次、国家级奖项41人次、省级奖项223人次、市级奖项488人次。其中，科技创新、创客、电脑制作等领域的市级以上获奖250人次。例如2019年，信息组继续开展科技模型、科技创新等科技项目，学生获市级奖励达23项；市车辆模型竞赛获奖7项，其中一等奖3项；市科技创新大赛获奖9项，学校被评为优秀组织一等奖；邱怡婷、张天泽两位同学的科技论文获东莞市青少年科技创新大赛一等奖；陈柔安、徐泽昊等同学获2019年东莞市中小学科普剧大赛一等奖第一名；学生王逸凡获广东省第十一届大中小学生规范汉字书写大赛特等奖；等等。这些成绩的取得，是教师水平和团队精神的具体体现，也是学校教育实力的重要标志，这些积极进取的教育追求将会照亮学校前行的道路。

四、探索精准教学，课程改革初显成效

学校坚持以"精准化教学"为抓手，构建以满足学生个性化学习为目标的教学管理体系、以推动教师专业发展为目标的校本培训体系，教学改革初显成效。

1. 首届中考报捷，素质教育结硕果

2018年，学校迎来首届学子中考，在万众瞩目下，初三年级稳扎稳打，用科学备考和努力拼搏取得了中考首战"开门红"，两率一分在全市同级同类学校中名列前茅，五大校录取率超过30%，超额完成园区教育局制定的各项中考指标，也得到市教育局领导和教育同行的高度评价。

在备考过程中，初三教师在传统复习备考的基础上认真研讨信息技术条件下的精准化备考路径，利用智学网提高复习课效率，各学科都注重对复习备考方向的把握，加强了学科培优辅差工作，利用数据系统将学生的易错点进行个性化分析，对重点临界学生进行基于个性特点的精准化辅导。科组教师和班主任群策群力、协同作战，取得了初三中考的佳绩。

地理、生物科组是第二年备战中考，在总结了上年备考经验的基础上，继续加强集体备课，积极听课、评课，认真分析往年中考试题，强化知识点的落实，帮助学生形成学科知识网络，并利用猿题库、错题网、微课讲评等信息化手段提高备考效益。在备考冲刺阶段，调动全科组教师和班主任一起落实分层辅导，取得了初二生、地中考的优异成绩。

2. 精准教学实践，智慧课堂再升级

为了深入推进智慧课堂实践，学校持续开展"精准教学"系列校本培训，推进信息技术与学科教学深度融合，用"理解整体任务，聚焦核心问题"的教学实践让课堂看见精准化学习真正发生。

开学初，教导处举行了"精准教学"智慧课堂研讨活动，明确提出将"精准教学"作为课堂教学改革重点，重点研讨游戏化学习和智慧课堂复习课型。各科组也积极开展基于学科特色的"精准教学"智慧课堂研讨活动。例如数学初一备课组承担了神算子、睿学堂、尚学院、洋葱数学等几个平台的实验任务，认真研究，比较优劣；物理科组利用实验云平台进行学生实验操作考试训练；英语科组、地理科组积极探索新的App与课堂教学的融合；语文科组结合

精准备考开展了青年教师试卷命制竞赛。

📖 附：

《大美中国》校本课程

初一（2）班　李梓豪

一般学校里开设的课程，多数都是为学习而定制的科目，没有其他的课外课堂，就算有也很少。而我们学校——松山湖实验中学就不同，这里有一百多门校本课程，而且还有一些社团活动。就像有不同口味的糖果摆在学生面前，有甜的、酸的、薄荷味的，还有各种各样的感觉，硬的、软的、入口即融的……那么多校本课程，任学生品尝个够，课外学习丰富多彩。而在那么多校本课当中，我选了三门课：《合唱团》《大美中国》《财商课堂》。其中，我最喜欢的便是《大美中国》。

在《大美中国》这个班，人数不多，十来个人。刚开始我想：这课程是学习什么的？会不会很无聊，所以没人愿意去报名呢？可实际上跟我想象的完全不一样，课程内容丰富有趣。

记得有一次上课的时候，老师让我们来到校园的草地上，不用坐在教室里。对于整天坐在教室上课的我们来说，出去走走多好呀：阳光灿烂，清风阵阵拂过，心情舒畅，头脑也特别清醒。草地上开着各种小花儿，在太阳的照耀下，花儿的颜色也分外鲜艳：黄的、红的、深绿的……小鸟在空中唱着歌儿、盘旋着，好像在为我们能够走出教室上课而欢呼……

当我还沉浸在这美景当中，"任务"突然来了，老师把我们分成两组，并让我们在校园里找花，找到的品种多的便胜利。我心想：找花嘛，有什么难的呢，我肯定会赢。于是我就开始在整个校园里奔波起来，这儿嗅嗅，那儿瞧瞧，像猎犬一样寻找猎物。经过一番搜索，我已疲惫不堪，结果呢？我这样东奔西跑，忙碌了半个小时只找到十八种花，可别的组却找到了二十几种，我有些沮丧，是因为我骄傲大意才未能赢。但过后我还是开心，因为这节课太有趣了，既磨炼到意志，又能增长知识。

我爱上《大美中国》，爱上校本课程。

第四节　综合实践，让学生在实践中成长

学校以"对每一位学生终身发展负责"为办学宗旨，继承百年老校东莞中学优良的办学传统，构建符合现代教育观念的新型教育模式，培养具有民族精神、国际视野、适应未来社会需求、全面而个性化发展的学生。学校区位优势显著，地处东莞市松山湖科技产业园，科技氛围浓厚。自创办以来，学校高度重视综合实践课程的开展，组建了知识产权课程组、企业调研课程组、研学旅行课程组，凭借周密的课程设置、全面的课程实施、到位的课程评价积极开展各类相关活动，成效显著。学校在综合实践课程校本化实践中勇于探索，开展了学生全员劳动技术技能培训、研究性学习（小课题研究）、研学旅行课程等大型综合实践活动。

一、综合实践课程校本化的探索

1. 培养学生发现问题和解决问题的能力

发现问题就是能够从现实生活中发现问题，敢于提出问题，是创造的起点。不会发现问题就没有创造性。综合实践活动通常围绕一个需要解决的实际问题展开。在活动过程中，通过引导和鼓励学生自主地发现问题和提出问题，设计解决问题的方案，收集和分析资料，运用已有的知识与经验寻找解决的办法，逐步形成质疑、乐于探究的积极情感和解决问题的能力。例如在电风扇维护课程中，通过拆装组件可以让学生们在主动学习的同时增强他们的开口问问题的能力。学生自己不会可以通过观察别人的操作来习得，也可以不耻下问高效解决问题，可以让学生们知道电容器是有可能电到人的，要学会妥善处理，并学会区分滚珠电动机和胶套电动机的性能。

2. 培养学生收集、分析和利用信息的能力

开展综合实践活动的过程中，学生需要利用多种有效手段，通过多种途径获取信息，需要整理与归纳信息，并恰当地利用信息。在这个过程中，有利于培养学生收集和处理信息的能力。例如在企业调研的过程中，需要用到的电子问卷、单反相机、摄像机、录音笔等，通过使用这些器材可以增强学生获取信息的能力，分析收集到的信息如何利用各类软件来处理，从而轻松获得想要的数据。

3. 培养学生的创新意识和创新能力

综合实践活动要求学生在活动过程中不拘泥于书本，不迷信权威，鼓励学生充分发挥自己的想象力，独立思考，标新立异，大胆提出自己的新观点、新思路、新方法，并积极主动地探索，激发他们探究和创新的欲望，培养创新能力。例如，航模社团的学生可以根据飞机的基本原理设计出"会飞的猪""会飞的鲨鱼""会飞的小鸟"等创意航模飞机。

4. 培养学生的合作意识和能力

合作意识和能力是现代人应具备的基本素质。小组合作学习是综合实践活动的有效组织形式，不仅有利于课题研究的开展和发挥学生的特长，更有利于培养学生的合作意识和团队精神，使他们在与同伴分工合作、提出问题、制订方案、收集信息、寻找答案的过程中，学会倾听别人的意见、表达自己的观点、与别人达成一致、分享共同的成果等。例如在研学旅行的过程中，学生可以在语言不同的情况下发挥自己的语言优势来帮助团队解决沟通问题，从而高效完成任务。

5. 培养学生对社会的责任心和使命感

综合实践活动的内容大多是与社会生活实际密切相关的课题，特别是人类生存和社会发展的问题，如环境问题、社区发展等。这些问题与人们生活息息相关。引导学生探究这些问题，可培养学生关心社会、关心生态环境、关心可持续发展的社会责任感。例如通过开展"尊重智慧、科学创造"——东莞市松山湖实验中学知识产权调研进企业大型综合实践活动，使每一个学生都积极参与到知识产权调研实践活动中去，做到人人动脑、人人参与，了解知识产权的相关知识，感受知识产权的特殊性和必要性，今后为社会做出贡献做好铺垫。

综合实践活动作为必修课程，其内容主要包括信息技术教育、研究性学习、社区服务与社会实践以及劳动与技术教育。强调学生通过实践，增强探究和创新意识，学习科学研究的方法，发展综合运用知识的能力。增进学校与社会的密切联系，培养学生的社会责任感。在课程的实施过程中，加强信息技术教育，培养学生利用信息技术的意识和能力，了解必要的通用技术和职业分工，形成初步的技术能力。

根据广东省的特点和学校周边的实际人文环境，东莞市松山湖实验中学综合实践课程组开设了如下教学内容（表1）。

表1　东莞市松山湖实验中学综合实践活动课程内容

项目	课程内容
基础课程	电风扇维护、DIY电动机、3D打印基础课程、四轴飞行器实操、人与汽车、应急灯维护、RC滑翔机实操、天戈直升机实操、锯床DIY、电烙铁实操、无源电话设计、七巧板设计、电脑组装、浮沉玩偶、伯努利原理球、问卷调查法、访谈法、周边企业简介、知识产权调研等
社会实践活动	组织实施德育基地培训、参观养老院、赏学游、校外小组主题实践活动等
研学旅行活动	市情：莞城之印象、智慧、家园、未来研学活动课程四天 省情：广州—广府文化研学活动课程四天 粤东—潮汕文化研学活动课程四天 梅州—客家文化研学活动课程四天 国情：湖南—探湖湘文化，寻伟人足迹研学课程四天 江西—让信仰点亮人生，井冈山研学活动课程四天 湖北—跟着诗词游荆楚研学活动课程四天 厦门—寻中华文明之美研学活动课程四天 西安—华夏文明研学活动课程四天 山西—筑梦三晋研学活动课程四天

二、知识产权调研综合实践活动的开展

（一）活动的实施过程

1. 准备阶段

（1）2015年8月，学校成立了"尊重智慧科学创造"——松山湖实验中学知识产权调研综合实践活动组织机构。

（2）进行学科课程的研讨，注重学科课程中学生学习兴趣的激发和培养，

注重科学、信息技术、综合实践课程中相关内容与知识产权内容的融合与渗透。

（3）建设"尊重智慧科学创造——松山湖实验中学知识产权调研"综合实践活动专题宣传栏，各班级板报里增加"知识产权调研综合实践活动"相关栏目。

（4）邀请海丽化学公司董事长到校举办企业知识产权系列讲座，向初一全年级普及企业知识产权保护和专利申请等科学知识。

（5）万飞校长举办《发明创造》讲座，激发初一全年级学生的创造热情，普及发明创造的科学方法和申报途径。

（6）对学生开展"尊重智慧科学创造——松山湖实验中学知识产权调研"综合实践活动的综合素养进行前测。

2. 实施阶段

（1）做好相关学科课程的教学研究工作，加强学科课程与综合实践活动的关联和渗透。

（2）依托学科课程和活动课程，开展"尊重智慧科学创造——松山湖实验中学知识产权调研"综合实践活动。

① 阅读知识产权科普书籍，观看知识产权案例纠纷处理科普影片。

② 举办知识产权科普知识讲座（由海丽化学公司董事长和知识产权部负责人主讲）。

③ 开展"身边的知识产权"案例分析比赛。

④ 办一期以知识产权为主题内容的板报，开一次以知识产权为主题内容的班会，以班级为单位办一期以知识产权为主题内容的手抄报活动。

⑤ 开展校园外观设计绘画活动。

⑥ 开展知识产权科普知识竞赛活动。

⑦ 开展知识产权纠纷模拟法庭活动。

⑧ 开展现场访谈体验活动。

⑨ 开展摄影摄像技巧比赛活动。

⑩ 开展录音笔内容摘录比赛活动。

⑪ 开展社会活动礼仪知识竞赛活动。

（3）综合实践活动现场（外出到企业）。

① 参观预约企业，体验工程机械、产品流水线，参与产品制作，采访企业知识产权部关键人员，营销策略培训讲解，了解产品储备和出货流程，懂得企业徽标的设计理念和意义等。

② 前期的相关活动成果，集中以专栏、PPT、微信公众号、实物等形式进行展示。

3. 总结评比阶段

（1）对活动结束后学生的综合素养进行后测，并对活动开展的情况进行分析和总结、反思和改进。

（2）表彰在活动中表现突出的班级和优秀的访谈之星，进行优秀设计作品评比及表彰。

（3）召开领导小组和工作小组会议，根据开展情况总结成果，整理综合实践活动的资料，部署下一步工作。

（二）活动实施的成效

在学校开展的知识产权调研综合实践活动中，前后近半年，借综合实践活动开展之际，学校举办了知识产权科普讲座，学生参与率为100%。30%的学生参与了现场答疑解惑活动，30%的学生荣获金点子创意、校园外观设计制作、知识产权知识竞赛、现场访谈技能比赛等项目。其中，收集的20多幅优秀校园外观设计绘画和30多个金点子发明设计与优秀知识产权调研成果集中在校园的架空层宣传栏进行展示。在学校微信公众号集中推送以上实践成果，得到广大师生和家长的一致好评。在这一活动中，大大激发了学生对知识产权的兴趣和参与的热情，一大批优秀的学生在活动中脱颖而出，取得丰硕成果。例如七（1）班的林子俊、康沁、姚敏，七（2）班的赖俊华、叶俊硕、黄嘉杨，七（3）班的翟英硕、季葆昌，七（4）班的莫霆飞、彭龙腾、黎俊希，七（6）班的梁伟荣，七（8）班的徐飞燕等26名同学表现突出，荣获"未来设计师"称号。

在金点子发明设计活动中，学生积极参与，创造出一大批优秀的设计创意和手稿。其中，杨嘉伟、游倩瑶、甘旭来、何怡然、陈翠婷、丁桥、黄琛莹、黄韦澄、张宇欣、方弼、马楷、郑奕骞、赵汗青等32名同学荣获一、二、三等奖和最佳设计奖、最佳创意奖。

在知识产权知识竞赛活动中，经过抢答的方式产生一批理论知识扎实的优秀学生。其中，邓天宁、杨思宇、杨轶男、陈玉琼、许楚婕、高聚景、叶熙阳、孔雅、袁政、曾文、汤宇静、谢奕菲、叶瑞宝、郑锦全、叶胜蓝、卢煜宏、何鸣睪等33名同学荣获一、二、三等奖和优秀个人奖。

由于积极开展"尊重智慧科学创造——松山湖实验中学知识产权调研"综合实践活动，学生参与面广，成效显著。学校的《松山湖实验中学知识产权调研综合实践活动案例分析与反思》一文在全国综合实践第十四届年会的案例评比中荣获二等奖，刘文波老师荣获现场说课一等奖，为学校积极深入开展综合实践活动奠定了基础。从综合实践活动的前测和后测进行分析，学生在知识技能、过程与方法、情感态度和价值观三方面的目标上都得到很大的提升，尤其是在情感态度和价值观上影响最大，激发学生对现存知识产权体系的探究欲望，树立尊重智慧和科学创造的正确思想和科学研究的方法。

通过开展以"尊重智慧，科学创造"为主题的松山湖实验中学知识产权调研综合实践活动，旨在普及知识产权相关知识，培养学生的创新精神，让学生在参与活动的过程中不断成长，并树立正确的创造思维价值观。

三、拓宽综合实践活动的思路

1. 总结综合实践活动的经验

（1）面向全体学生开展综合实践活动，根据学生年龄段的特点全面策划，使每个学生都能积极参与到活动中，激发学生的兴趣，体验参与综合实践活动的乐趣，做到做中学、学中思、思中创。

（2）综合实践活动的开展并不是孤立的，而是与学科课程紧密联系在一起，做到立足课堂、延伸课外，注意在普及的基础上有所提高，如校园外观设计大赛、知识竞答、金点子发明设计等都是与美术、电脑、科学、语文和数学、地理等学科关联在一起的。

（3）综合实践活动的开展从综合性到专题性、从面到点地进行，具有系列性，有利于学生活动的开展，与时代气息吻合，具有深远的教育意义。同时在开展各种综合实践活动中，学校充分挖掘网络资源，建立答题库，让家长和学生们共同参与，达到教育的连贯性和一致性，使学生得到全面发展的可能。

（4）在综合实践活动的开展过程中，学校还对学生活动前后的综合素养进行抽测，以此检测学生在活动中的成长和进步，并对活动进行评价，使综合实践活动的开展走上课程化的发展之路，把活动与课程紧密结合起来。

在以后的综合实践活动过程中，学校将结合学生的年龄特点和时代特点、地域特色等，积极开展有意义的专题和小课题研究性学习综合实践。

2. 形成系列化综合实践活动课程

综合实践课程进一步系列化、规范化。除了每周固定开设的综合实践课程外，初一年级15个班的学生分别走进了广东省智能科技研究院、国云科技股份有限公司、广东生益科技、广东清华创新中心、广东华中科技大学工业技术研究院等15家企业实地调研，通过前期调研、实地考察和小组汇报等完成综合实践成果展示；初二年级综合实践课程组开展了研究性学习课程优秀课题展示分享会，在叶敏仪老师为首的全体指导教师的带领下，学生通过视频、PPT等方式进行了结题展示。学生的研究性学习实践成果受到了南方日报的关注，并进行了专版报道。

松山湖实验中学一直积极开发创造教育课程，做到课程建设体系化、创造教育常态化，取得了令人满意的效果。学校对学生开展了课程认知情况调查（表2），数据表明：学生对课程满意度达到99.18%，对选修走班满意度达到97.96%。

表2　松山湖实验中学学生对校认知情况调查

调查内容	非常同意	比较同意	比较不同意	非常不同意
我很喜欢我们学校的氛围	70.20%	29.80%	0	0
学校平时做的和说的一致	54.29%	45.71%	0	0
我觉得我是学校的一员，我属于这里	82.04%	17.55%	0.41%	0
我们学校的学生与其他学校不同，有自己的特色和优势	78.78%	21.22%	0	0
我很喜欢我们的学校	71.84%	26.12%	1.22%	0.82%
我对学校的课程很满意	66.53%	32.65%	0.82%	0
我对学校利用平板构建的智慧课堂很满意	68.16%	28.57%	2.45%	0.82%

调查内容	非常同意	比较同意	比较不同意	非常不同意
我对学校选修走班很满意	76.73%	21.23%	2.04%	0
我对学校的各种学习资源和设施设备很满意	78.37%	19.59%	2.04%	0
我对学校的组织与管理状况很满意	62.04%	35.92%	2.04%	0
我们学校的秩序良好	55.10%	42.45%	2.45%	0

四、创造教育下的教育合作

教育从来都不是孤立的事业，创造教育理念认为，真实、开放、多元化的学习环境更有利于解放和发展人的创造力。办学以来，学校智慧众筹，构建"家校协同""校企合作""校社合作""校际合作"等教育合作模式。

1. 家校协同

家长是学生的第一任老师，家庭是学生的第一课堂。学校将每一位家长视作贯彻"立德树人"教育任务的好拍档，亲密合作，协同育人。学校设立家长委员会，各年级、各班级也设立家长委员会。家长通过荣誉课程、家庭教育讲堂、趣味运动会、家长会、家长督学、家长志愿服务等线下活动广泛参与学校教育教学活动，同时也通过微课掌上通参与公开课观摩研讨，通过微信群、QQ群等社交平台进行日常信息交流。

2. 校企合作

松山湖是国家级高新技术产业园区，园区内科技企业众多，创新人才资源丰富。为了培养学生的科学精神和创新意识，学校创新了知识产权教育的"校企合作模式"。一方面，学校与专利代理机构签订合作协议，双方共同开展知识产权培训活动，指导学生申请专利等，现已有6名学生拿到了国家知识产权局颁发的专利证书；另一方面，与OPPO通信、东阳光公司、海丽化工等20家企业合作，组织学生定期去企业开展知识产权调研。学校架空层的"科技文化长廊"设有科技企业展区，定期宣传合作企业的最新研发资讯。

3. 校社合作

学校为学生创设自由舒展的学习空间，引入"校社合作"模式。一方面，让学生走出校门，到大自然和社会真实环境中求真知、做学问。典型课程是研学旅行课程，是学校与学校家委会、旅行社合作，共同实施。另一方面，精选社会资源走进校门，学校根据创造教育课程实施需要，面向社会征集荣誉课程，现有各领域专家学者、行业精英应邀开设了财商、茶艺、青少年趣味粤曲表演、戏剧表演、花式足球、高尔夫等十几门荣誉课程，纳入创造教育课程架构的拓展型课程，供学生自主选修。

4. 校际合作

学校与国内外名校联盟都建立了友好的合作关系。一是学校与香港佛教黄凤翎中学、澳门培正学校缔结姊妹学校，多次开展师生交流活动；二是学校与华南师范大学李克东教授团队达成STEM教育项目合作协议，培养创新型人才；三是发挥广东省万飞名校长工作室的影响力，参与国内名校联盟的各种学习交流活动；四是学校与英国里士满学院、美国圣玛丽中学结成友好学校。

 案例

创造教育课程架构下的财经素养主题综合实践活动

为帮助学生树立正确的财富价值观，提高学生的财经素养，培养学生的责任意识、理财意识和综合实践能力，初二年级开展了"十元钱的一天""利是钱的使用与规划调查""模拟股市"等主题实践活动。

活动一："十元钱的一天"活动分享会。

许多学生分享了自己的"十元钱的一天"。通过这次活动，同学们明白了金钱的来之不易，增强了理财意识，这是一次意义丰富的活动，在学生的分享中感受到他们的成长。学生是属于社会的，未来的社会也是属于学生的，这样的实践体验更能切实增长学生的能力。

活动二：利是钱的使用与规划调查。

初二年级各班做了一次调查，主要围绕"利是钱的使用与规划"这个话题做了一节特别的班会。活动的目的，一是让学生理解金钱的意义，树立科学的金钱消费观；二是学会珍惜财富、有效合理分配使用财富；三是了解理财理念，懂得个人财务规划；四是培养勤俭、创新、自立、责任的品质习惯，来成为高财商的青年。

活动三：模拟股市。

学校将年级管理与股票投资结合，开展德育教育的同时，培养学生投资的思维和能力。学生在模拟股市的环境下接受投资相关知识学习，不仅能够激发学生的学习热情，也能帮助增强学生德育的管理，还能在实现二者的结合过程中做到相辅相成、互促互进。

松山湖实验中学将学校课程建设与财经素养教育有机融合，确立了财经素养教育目标：在为学生未来走入经济社会所需的理财技能打下基础的同时，培养学生的财富品质、道德之心、计划能力和时间管理能力。针对学生财经素养的培养，学校从课程建设、家校联动、学科融合、社团活动和综合实践等多元途径，携手家庭、企业，充分发挥家庭、学校和企业的教育合力，做出了积极的探索。

第五节　书香校园，营造良好读书氛围

教育在某种意义上就是文化的传承。有品位的学校教育实际上是一个"以文化之"的过程，文化赋予一切学校活动以生命和意义，而活动则是学生生命的增值与繁荣。办学以来，学校围绕"书香校园"开展了一系列活动，全新构建"慧阅读"体系，大力倡导读书学习的文明风尚，培养广大师生"好读书，读好书"的良好习惯，大力营造知书达理、好学求进的校园书香氛围，积极为教师专业发展、学生健康成长提供精神动力和智力支持，为全面提升学校教育水平和学生健全人格的形成奠定厚实的基础。

一、积极规划铺设书香之路

学校自创办以来，一直高度重视书香校园活动的开展，将其列为学校每年工作和校园文化建设的重要内容。学校每年都成立读书节活动组委会，由校长亲自担任组委会主任，两位副校长为副主任，全体行政人员和各科级组长为主要成员，加强读书活动的组织领导和统筹协调，制定详细的活动实施方案，20个读书活动项目小组分别由专人负责组织策划和指导开展，确保活动各项工作落实到位。学校对各项读书竞赛活动以及评估奖励办法做了具体规划，并确立了每一期读书活动的活动主题和口号。除此之外，还成立了青年教师成长促进会"松实谈"、学生读书活动组织"松慧文学社"，充分调动全体师生参与创建工作的积极性和主动性，发挥教师在创建活动中的示范和表率作用，保证创建工作的质量和水平。端凝厚重的读书节营造出浓郁的书香校园氛围，由语文科组担纲，历史、英语、政治、地理、生物等科组配合策划，精心组织，共有15个项目，"阳光下的阅读"现场作文竞赛、"探寻莞邑足迹"馆校合作讲座、

"我和父母同读一本书"亲子阅读、"手绘地图"等成为活动的亮点。（表1）

表1 松山湖实验中学第二届读书节主题活动一览表

本届读书节活动主题：阅读·和谐·发展					
活动时间	主题活动	活动内容	责任人	参与对象或观众	地点
9月20日	"梦·阅读"现场作文大赛园区初赛，10人参加	语文科组要提前挑选参赛学生，23日前报学生资料到市局	欧阳伟	决赛选手	市图书馆
9月25日	开幕式	周琼平副校长致开幕词。	欧阳伟	全校师生	篮球场
9月25日	读书主题班会	以"我喜欢的一本书"为主题	李永义 谭吉成 班主任	学校各班	各班教室
9月26日	手工制作地球仪实践活动	手工制作地球仪	郭振维	初一	悦读吧
10月9日	汉字书写比赛	学生硬笔书法大赛	孙向阳	全校学生	书法室
10月10日	让智慧之花绽放	思维导图制作评比	刘利玲 丁梦蕾	全校学生	架空层
9月30日—10月10日	经典诵读班级展评	"古韵诗风"经典诵读班级展评	潘艳荔	全校学生	各班教室
9月30日—10月10日	展评活动	我与父母同读一本书	欧阳伟 戴伦传	学生及家长	学生家中
10月12日	学子讲堂	读书分享：读书与梦想	潘艳荔	全校学生	学术报告厅
10月16日	天文知识竞赛	组织学生进行地理学科天文知识竞赛	郭振维	全校师生	各班教室
10月17日	讲座	李远江老师《全国青少年历史记录大赛宣讲活动》	钟小敏	初一、初二	学术报告厅
10月17日	我们画历史	历史漫画秀	钟小敏	初一	架空层
10月1日—10月18日	英语手抄报比赛	展示不一样的东莞	李清	初一	架空层

续　表

活动时间	主题活动	活动内容	责任人	参与对象或观众	地点
本届读书节活动主题：阅读·和谐·发展					
10月18日	智绘校园	手绘地图比赛	郭振维	初一	架空层
10月19日	叶脉书签	主题"与书为友，与诗为伴"	叶敏仪	全校学生	架空层
10月20日	创意地图	绘制校园创意地图	郭振维	初二	架空层
10月	讲座	东莞博物馆赵老师《古代东莞》	钟小敏	初一	学术报告厅
10月26日	名家讲坛	"创玩无界"创造性思维启发素养讲座	潘艳荔	全校师生	学术报告厅
10月底	我们说历史	中国近代风云人物演讲大赛	钟小敏陈怀宇	初二师生	学术报告厅
10月28日	市现场阅读比赛	语文科提前挑选参赛选手，9月30日前上报教研室	欧阳伟	决赛选手	粤华学校
10月30日	经典诵读会	经典朗诵	欧阳伟杨岳如	全校师生	学术报告厅
10月31日	闭幕式	①闭幕词。②表彰比赛的优胜人员及活动先进个人、先进班集体、优秀组织者等。③师生代表发言	周琼平潘艳荔	全校师生	篮球场

二、完善设施造就书香校园

学校充分利用校园设施来建设书香校园，除了在校园和班级显著位置悬挂读书标语和格言外，学校还专门在架空层开辟了悦读吧，利用橱窗展示栏进行名著推介，为学生提供阅读的好去处。为了进一步激发师生读书的兴趣，扩大学生的阅读面，方便学生阅读，让读书活动更有成效，学校增加了图书馆藏书量，每学年都新购进大量图书，并配备了专门的图书管理员，加快了图书走近师生的步伐。学校还加强了馆校合作，与松山湖园区图书馆合作，实现资源共享，资源互通，为每位学生配备平板。学生用平板可轻松下载电子书籍，亦可借阅学校或园区图书馆其他任何书籍。另外，为了增强图书使用的灵活性、便捷性和有效性，学校要求各班建立图书角，开展班级图书漂流活动，制定班内图书借阅制度，定期更换书目，拓宽书源，使学生无论走到哪里都有书可读，全力发挥图书的功效。同时，学校开放电子阅览室，让学生得到阅读的乐趣，还将为每位学子配备智慧手环，大大简约借阅手续，为学生阅读提供便利。如今，学校图书阅览室、尔雅书吧和班级图书角已成为学生的欢乐天地，构成了校园最美的风景。另外，学校利用校园网络和微信公众号不断推动读书活动深入开展。（图1、图2）

图1　师生阅读交流　　　　　图2　学生在图书馆查阅书刊

三、丰富课程搭建书香舞台

语文科组根据统编教材的理念，积极倡导"好读书，读好书，读整本书"，大力推动课外阅读，构建学校"三位一体"的"慧阅读"课程体系。语文科组以阅读考级为纲，以阅读活动为线，以阅读书目为本，以"两节一赛（读书节、创客节和创新作文大赛）"为平台，层层推进，营造书香校园的氛围，全面推动阅读全民化。欧阳伟等老师在东莞市先后做了四次阅读讲座，并应邀至万江三中为教师做《阅读是最好的老师——浅谈我校慧阅读体系的构建与反思》阅读讲座。

另外，语文科组积极推进校本课程建设，落实校本课程。王浩老师的《话剧模仿与创作》、陈玉纯老师的《身体里的汉字树》、杨岳如老师的《校园广播节目策划与制作》、关淑怡老师的《说文解字》、李慧健老师的《多元文化交流》、刘桂红老师的《玩转歌词》，不仅内容广泛，也充分体现了语文学科特点的融合。另外，戴伦传老师的《松风阅读Ⅰ》、欧阳伟老师的《松风阅读Ⅱ》进一步提升了学生的语文素养。这些校本课程中，一些是创新类校本课程，如《玩转歌词》《多元文化交流》《身体里的汉字树》；一些是创造类校本课程，如《校园广播节目策划与制作》《话剧模仿与创作》。学校将进一步推进校本课程开设，积极实践创造教育的理念。

四、文化活动引领书香成长

读书节、体育节、艺术节、创客节是学校四大校园文化活动品牌。读书节共设有二十项活动，创客节开展了讲座类、展示类、活动类、表演类等33个项目，点亮了学生的奇思妙想，让学生体验到学习的快乐和创造的收获。学校的亲子阅读、经典诵读、三行诗大赛等成为引领书香校园的经典项目，阅读考级更是大大激发了学生的阅读兴趣。

每年9月开始的读书节都会开展"我与父母同读一本书"活动，不仅加强了亲子间的联系，也推动了"书香进家庭"的活动，受到广大家长的高度赞誉。经典诵读活动作为读书节的压轴"大戏"，语文科组精心打造，教师在教学之余组织学生精心排练、精心布置，经典诵读会取得圆满成功，受到市教研员和学校领导的一致好评。除此之外，学校还开展了各种主题的征文活动，如校庆征文活动、足球节征文活动、"我和老师的故事"征文活动，以及各类作文竞赛，如市读书节作文大赛、市现场作文大赛、全国创新作文大赛等。

另外，学校围绕创客节还开展了"爱在四月"三行诗大赛，此次大赛由关淑怡、杨岳如老师主持策划，语文科组精心打造，通过微信公众号把学生的三行诗推出并进行投票评选，短短三天获得一万三千多的点击量，并取得了良好的社会效应，受到业界广泛好评。在投票结果出来之后，学校一方面通过展板将优秀作品展出，另一方面把三行诗做成明信片，通过明信片的方式巩固活动成果，实现三行诗活动从创新到创作再到创造的深入发展。三行诗活动吸引了很多杂志社的关注，课堂内外杂志社特别开辟了三行诗专栏，《课堂内外·创新作文》期刊在全国隆重推出。由读诗到写诗，让学生真正爱上阅读。

松慧文学社作为学生社团，积极开展各种形式的读书活动，已推出三期《状元笔》社刊。学校校报亦每学期推出四期《松湖实中报》。学校教师积极参加青年教师成长促进会"松实谈"，制订年度读书计划，除个人选择性阅读外，规定在五年规划期内每学期精读三本书：现代教育理论书籍一本、专业教学实践指导书籍一本、经典人文著作一本。精读过程中有笔记，精读以后有读书心得。每学期召开三次青年教师读书汇报交流会。每一期"松实谈"都会安排多位青年教师分享阅读心得和教育智慧，不断地提升自己的教育教学业务水平。学校还举办了学子讲堂，由邓天宁同学为全体学生做读书讲座。本学年以来，"松山湖实验中学""松湖实中爱求是的我们"两大微信公众号共推送了50多篇稿件。（图3~6）

图3　第三届读书节"书香艺术压花诗扇"制作过程（1）

图4　第三届读书节"书香艺术压花诗扇"制作过程（2）

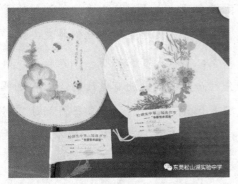
图5　第三届读书节"书香艺术压花诗扇"获奖作品（1）

图6　第三届读书节"书香艺术压花诗扇"获奖作品（2）

五、竞赛成果奠基书香人生

各科组积极组织学生参加各级各类学科竞赛，均取得了突出成绩。据不完全统计，在2018年5月举行的全国创新作文大赛上，学校共有13人进入省复赛，3人代表广东省参加在武汉举行的全国创新作文总决赛，均获全国三等奖。东莞市现场阅读比赛中5人全部获奖，其中一等奖三人、二等奖一人、三等奖一人。与此同时，学校还参加读书节比赛，两人获市级二等奖。这些成绩的取得，既是教师实力和团队合作的具体体现，也是书香校园在师生生命中的灿烂绽放。

 附：

学生的阅读故事

邓天宁，2003年6月生于广东省佛山市，今年14岁，2018年就读于广东省东莞市松山湖实验中学初三（6）班。他是一个贪玩、好动、爱美的少年，也是一只爱读书的"书虫"、一支爱写作的"铅笔"、一只会觅食的"鹰"。

他相信经历就是财富。由于父母工作变动，他的求学经历很丰富，先后读过5所幼儿园，在中美两国读过4所公立小学，中学阶段在东莞松山湖实验中学就读。与此同时，他和朋友们一起勇敢地走出家园和校园，从小就到社会上磨炼——为了凭自己的双手赚钱，他们曾经一起为商场扫过地、替餐馆拉过客、到街头卖过艺、摆过地摊、捡过垃圾，体会到了自食其力者的光荣，体会到适者生存的真意。

他相信命运，也相信努力的价值。他很幸运，幸运之处在于生他养他的爸爸妈妈思想开明、悉心陪伴，成长路上遇到了许多良师益友，他们善良友爱、心灵手巧，使他人生中美好的东西越来越多；他喜欢学校和学习，虽然学习能力和成绩都很不错，但他不是为考试和分数而读书，更没有成绩的压力。他很努力，努力的价值在于他在学业之余花费大量时间和精力，长期坚持阅读、写作、徒步、下围棋和参加公益活动，从小就享受自然、社会和人文的乐趣，感受到大自然是最好的老师。

他相信读万卷书和行万里路同样重要。他是幸运的，幸运在于从小就有机会实践无数世人"读万卷书、行万里路"的梦想，一直享受经典、享受书香，也一直没忘欣赏旅途的风景。他目前个人藏书已达3000多册,阅读过的书超过2000多册。他喜欢爬山和徒步,9岁时历时16个小时爬上了西岳华山,12岁历时10个小时完成了松山湖50公里徒步。最令他自豪的是,他和父母一起穷游天下的经历。"从1岁半开始出游到现在,广东2/3以上的地级市、中国1/3的省级行政区、美国3/5的州都留下我的足迹。"他如是说。每到一处,除风景名胜之外,当地著名大学、博物馆和名人故居都是他的必游之地。经典名著的思想力量、大自然的鬼斧神工、脆弱的凡人之驱身上所具有的不可战胜的力量,让他深感自然和人类的伟大。

他相信时间和坚持的力量。他坚持学习围棋8年,也坚持练习钢琴8年。特别难得的是,从小学1年级开始,在老师和妈妈的帮助引导下,他把所思所想记录了下来,9年来共写下900多篇、累计100多万字的作文(平均每4天写一篇400字的作文),公开发表文章10多篇,除获"班级诺贝尔文学奖"和"班级茅盾文学奖"外,还曾获得2011年广东省小学生诗歌节三等奖、2012年广东省第五届"粤星杯"小学生作文大赛三等奖、2016年第十一届全国中小学生创新作文大赛广东赛区初赛一等奖、2016年获第十一届全国中小学生创新作文大赛广东赛区决赛三等奖。2014年12月,他的个人作品集《会唱歌的石头》(上、下册,近30万字)由东北师范大学出版社正式出版。

他相信深度思考的价值。他的思维往往和别人不一样,看同一本书同一部电影,别人哭的时候他会笑,别人笑的时候他会哭。在学校里,那些家庭幸福、遵守纪律、成绩好、颜值高的学生得到了大量的关注,但他认为更值得关心的是那些来自特殊家庭、成绩不太好、朋友比较少、存在感较少的同学。他也在班里尽己之力与有需要的同学交流,帮助他们摆脱心灵的桎梏。在社会上,很多人认为青春期就是叛逆期。他认为青春期不是叛逆期,而是青少年接受爱的教育的最佳敏感期。不是因为青少年叛逆才不会爱别人爱自己,而是因为他们没有接受正确的爱的教育才不会爱别人、不会爱自己,所以才显得叛逆。

他的梦想是30岁以前遍读经典、周游世界,然后写几本有影响力的书,让这世界更美好;30岁到50岁之间能够创业,在杭州西湖边办一个"天宁书局",出售好书和咖啡;50岁到80岁,把赚来的钱用来做慈善、搞教育,修建一个充满爱的学校和一个不冷清的养老院，让更多孩子的人生更美好，让更多的老人安度晚年；80岁以后开始养老，希望在一个面朝大海、春暖花开的地方，慢慢老去……

新时代的乡愁

——谈卡尔维诺《看不见的城市》

东莞松山湖实验中学初三（6）班　邓天宁

前些天，在知乎上的"卡尔维诺的《看不见的城市》好在哪"这一问题下，我看到了一个回答。回答的第一句话却是：好个屁。

虽然显得有些庸俗，但我得承认，这个开头的确引起了我的注意。相比起其他那些阅读营销号文风流于表面的答案，这一个答案显得有些清奇。

事实上，这位答主的话是有道理的。他说，我们夸赞卡尔维诺，要么就说《如果在冬夜，一个旅人》的叙事技巧，要么就说《看不见的城市》天马行空的想象。但答主认为，即使能写出一本叙事技巧高超的小说和一本有着令人惊叹的想象力的小说，也不代表作者就能将二者结合在一起。他认为，卡尔维诺终其一生都没能做到这一点，而只是停留在了《看不见的城市》这样的难以称之为成品的作品上。

这位答主将《看不见的城市》中对于五十五个虚构城市的零散叙述比喻为一个只有谜面没有谜底的谜。这五十五个城市没能汇聚到一起，归于土壤，而是四处飘散，走向了虚无。

那么且让我们来做个假设。假设有一部短篇小说集，其中收录了五十五篇以女性名字命名标题的（为了不让读者为词语本身所困）小说，每一篇小说都描绘了一个虚构的城市，而这些小说每五篇分为一组，分别从十一个不同的角度构建起威尼斯城。这里的每篇小说都有几千上万字，而不像《看不见的城市》中那样只有两页纸。小说有长有短，其中也有大大小小的故事。最终，这些零散的、碎片的文字形成一个整体，变成一座无比朦胧却又无比真实的城市。

如果能有这样的一本书面世，我想它足以被人们尊以伟大之名。而且不同于高密东北乡、马孔多或是约克纳帕塔法，前两者都只是村子，而约克纳帕塔法虽然是个县，但其中的许多故事也都只发生在杰弗逊镇这个典型的传统美国南方小镇上。据我所知，类似的全方位多角度描绘作者故乡的小说，有普鲁斯特的《追忆似水年华》。但不论是这四者中的哪一个，他们都有一个共同点，那就是都属于旧时代。在那些地方，时间很慢，地方不大，所有人都相互认识。虽然也有钩心斗角、人情世故，但人际关系的复杂性和娱乐方式的多样性又怎么可能比得上现代的都市呢？

用《看不见的城市》中马可波罗的话说，他在向忽必烈大汗描述一座城市时，多少都会讲述一些威尼斯（马可波罗的家乡）的事情。在我看来，这是领先于时代的一种视角。我生长居住在东莞，开车横穿城市，不堵车也得花上将近一个小时。一千多万人分散在城市的各处，大团体、小团体数不胜数。我作为其中的一员，住在其中的一个区域，又该如何把握如此巨大的城市呢？

再加上互联网所导致的交往方式的改变，当今的城市中，不论是外在还是内在，都比过去的城市要丰富、复杂很多，这种变化使得全景式的白描变得越来越不适用。而卡尔维诺能在数十年前察觉到这样一件事实，并找出另一种方向，并以此方向写作，虽然最终没能完成，但依旧是天才的行为。

我自有我的乡愁，但如果要像莫言那样通过写出一系列小说来描绘家乡的众生相，我想我这辈子都无法将东莞写尽。事实上，仅香椿树街一条街道，苏童说他就能写上一辈子了。如果要我来写东莞，恐怕我也只能像卡尔维诺那样，用隐喻式的文字，通过唤起读者的经验，尽量将这座城市的种种表现出来吧。

如果仔细研究卡尔维诺的作品，会发现目录都有着相当精妙的编排，这即整本小说的结构示意图。而他的每本小说的结构都不一样，让人感觉他是在探究不同的叙述方式中寻找快感。封皮上的个人介绍也说，卡尔维诺在不断探索小说叙述的可能性。实际上对于普通的写作者来说，能发现并完善其中哪怕一种叙述方式，都已经是非常难得的了，这无疑也证明了卡尔维诺的天资。

我更倾向于认为卡尔维诺不写我所假设的那样的小说，并非因为他没有那个能力，而是因为他选择了另外的道路。他不断地发现道路，走上两步，又退回到大道上，寻找别的道路，或许他是沉迷于"歪门邪道"，但也有可能是他有意在开拓。所以对于读者来说，他的作品未免让人感觉卡在一半，没有抵达终点。但对于写作者来说，有这样一位天才帮我们探路，至少在我看来绝对是一件可遇不可求的幸事。王小波就是一个完美的例子，他将莫迪亚诺、杜拉斯和卡尔维诺有机地结合在一起，并达到了新的高度。

第六节　学生社团，打造个性成长平台

一、准确定位社团功能，为学生个性发展服务

社团活动有着悠久的历史，学校很早就有各类学生社团，那时的社团类似于课外活动，是对学生兴趣、爱好、特长的自我培养与展示。各类社团活动不仅丰富了学生的课余生活，还开发了学生的潜能，加强了个性特长的培养，为学生的发展、多元人才的培养创设了施展各类才华、设计精彩人生的广阔舞台。有学者认为，学生的第一成长空间是家庭，第二成长空间是班级，而社团则是学生的第三成长空间。社团让学生在多彩的校园里飞扬青春，在广阔的舞台上放飞梦想。丰富多彩的社团活动张扬了学生的个性特长，为不同潜能学生的发展创造了条件，帮助学生规划未来的人生。

随着新课程改革的推进，学生对社团活动进行了充分的思考论证。学生认为，新课程理念下的社团活动的功能定位应该是培养学生的综合素质，突出自我教育。以社团为载体，发挥其特有的在学生成长中自我教育、自我组织、自我发展的功能与作用，是新课程下赋予社团活动的新创意、新使命。

基于这一理念，学生的社团活动，特别是普及型的学生自发建立的社团发展迅速，形成了一道色彩斑斓的校园风景线。有书香弥漫、字里行间跃动着青春气息的文学社，有朝气蓬勃、举手投足间洋溢着青春时尚的街舞社，有激情飞扬、享受运动快乐、收获健康体魄的篮球社，有清丽风雅、为校园广播站电视台不断输送人才的朗诵社，还有科技创新社团、创意DIY社、低碳创作社团、动漫社、历史社团、绿色栽培社、文学社、印橡社、财经社团和知识产权促进协会等社团。

社团活动是中学生校园生活的重要组成部分，也是提高学生综合能力和促

进学生自主发展、多样成长的重要渠道。通过搭建社团活动平台，为学生的自身成长创造条件，构建起全方位、多角度、多层次的学校德育体系，促进学生自主、全面、健康的发展。学生社团五彩的课外生活潜移默化地影响着学生的德、智、体、美、劳全面发展，激发学生自主创造的潜力和活力。

二、建设学习型社团，为学生的发展升华助力

（一）依托学校课程的开发和建设，形成特色化的学生社团

学校大力推进学生社团活动，鼓励学生组建多样化的社团，配备强有力的教师参与学生社团指导工作，并逐渐形成特色社团。让每一个学生都参与适合自己的社团活动，并至少在一个方面具有专长。

1. 科技素养类社团

创新科技社团以科技教育为宗旨，注重培养学生的科学素养，开设了精工木工、3D打印、3D模型、电子电路制作、激光雕刻机、创意DIY等科技实践活动，充分发挥学生的创新精神，以科技推动学习（图1）；绿色栽培社以生物科学为基础，主要开展植物种植活动，为学生提供了一个能够实现中长期科学探究活动的平台（图4）；创意DIY社和低碳创作社团则充分发挥学生的想象力，变废为宝，在培养学生创造和动手操作能力的同时树立了环保意识，让学生在学习中发现生活的美好（图2～3）。

图1　科技制作　　　　　　　　　　　　　图2　创意DIY

图3　低碳创作　　　　　　　　　　　　图4　植物种植

2. 人文素养类社团

　　为丰富校园文化生活，学校组建了文学社和历史社团。松慧文学社以激发学生的文学创作热情、培养学生的文学兴趣、提高学生的人文素养和写作能力为宗旨，并以社刊《状元笔》为载体，为全校学生提供一个展现文学风采的平台。文学社定期举办读书分享会，其中《白夜行》和《皮囊》读书分享会受到好评（图5）。学校每周举行共读活动，并在创客节中举办了"爱·感恩"三行诗大赛，所有三行诗文化作品受到全校师生的喜爱（图6）。历史社团秉承学校历史科组"以史鉴人、以史育人"的优良传统，通过举行各种历史活动扩大历史学习的影响，提高学生对历史学习的兴趣。该社团创造性地举办了"历史歌曲创作大赛""创意历史书签""外销扇的前世今生""历史梦工厂"等系列活动，开阔了学生的眼界，丰富了学生的校园文化生活（图7、图8）。

图5　读书分享　　　　　　　　　　　　图6　三行诗文化袋

图7 文化扇制作

图8 历史梦工厂

此外，学校还成立了动漫社、印橡社等特色社团等。动漫社定期开展动漫绘画展和动漫绘画交流活动，同时也创造性地开展了cosplay展，让学生能够走进动漫，并提升自身的表现力。印橡社则以刻橡皮章为主，激发学生的雕刻潜能，学生在这些社团活动中快乐学习、快乐成长（图9～10）。

图9 企业考察

图10 印橡作品

3. 财经产权素养类社团

为开拓学生的社会视野，培养学生的财经意识与知识产权意识，学校成立了财经社团和知识产权促进协会。财经社团为学校品牌社团，将学校智慧德育体系与财经素养教育有机融合，旨在为学生走入社会打下基础。财经社团根据各学科课程特点，将财经素养教育融入现行的语文、数学、历史、道法等学科课程之中，并结合学生特点因材施教，开设选修课程，同时开展《知识产权概述》《科技与经济》等系列财经素养讲座。学校在研学课程中渗透财经素养教育，制定《研学之旅财经素养调查表》，同时开设德雅银行，将研学过程中的德育积分换算成虚拟货币，将德育和财经素养培养相结合。在综合实践活动中，学校还举办了模拟股市（图11）、模拟招聘会（图12）等特色活动，吸引了全校学生的兴趣。此外，财经社团还通过家校联动的方式，开展"压岁钱调查""十元钱的一天"等创意活动，培养了学生的责任意识和理财意识。

图11　模拟股市活动

图12　模拟招聘会

　　知识产权促进协会通过头脑风暴、小组讨论等集思广益的方法，让学生从学习的过程和方法中逐步掌握知识产权的相关内容，并邀请来自松山湖高新企业的知识产权负责人为学生举办形式多样、内容丰富的知识产权讲座。讲座期间，来自各班级的众多学生对知识产权产生了积极的兴趣。

（二）发挥学生的自主教育能力，实现社团自主管理

　　引导学生自主申报社团、自主参与社团，每个社团都有自己的章程和管理制度。社长通常都是由学生自行推选担任的，他们的管理组织能力较强，并承担相应的职责，每个社员按制度履行好自身的社团义务。社团每年都制订出一份科学合理的指导规划书，自己规划好活动，活动的内容相对来说比较多。所以在开展活动的过程中，需要各个学生之间互相配合，落实好每一个成员的职责分工。每次活动都要求有策划、有记录、有总结，从而提高学生的自主能力，形成科学的价值观、良好的思维方式以及相应的行为习惯。

（三）创新社团活动设计，提高学生的学习和实践能力

　　引导学生从文化视角思考，构建自主的社团活动。通过"社团展示周""社团服务日""社团微创业"等形式，培养学生的创新意识、创业精神和创造能力，强化学生的社会责任感。学校定期以社团的形式组织学生围绕不同的课题开展研究性学习，在深入社会调研实践的过程中，学生的判断能力、思维能力、交际能力等都得到了提升。

例如，语文组创建松慧文学社，积极开展社团活动。每周定期开展文学社活动，活动形式丰富多样。每学期出版社刊《状元笔》一期，至今已出版三期。积极推动学生的共读活动，通过看电影、写读后感、读书分享等活动带动学生学习语文的兴趣。教师指导文学社社员开展多种形式的活动，并逐渐形成固定的社团活动形式。

各类学生社团的建立，为学生搭建了一个个展示自我的平台，通过教师引导、前期培训使学生了解社团的基本知识，掌握建团前的必要准备。通过组织和参加社团活动，学生锻炼了组织能力、人际交往能力、协作能力、独立思考和操作能力，培养了团队合作精神、服务社会的意识和责任意识，也学会了尊重他人、完善自我，在不断地摸索实践中培养了创新精神，也体验到身心的愉悦和自我价值的实现。

三、丰富的校园文化，为社团提供展示的舞台

1. 在校园"四节二礼"中大展风采的社团活动

为了激发广大学生参与社团活动的积极性，提高社团的质量，学校创设各类展示交流平台，通过校内展示、校际互动、区级交流，促进社团的不断发展。

学校的首届校园活动之四大节日就彰显了学校的办学品位，承载了教育最本真的内涵和价值，在师生的记忆里留下了不可磨灭的印记。在这些活动过程中，学校缜密安排，各部门通力配合，既保证学生的参与数量，尽可能扩大涵盖面，同时又协调各科组、各年级做好组织工作，四大节日活动都开展得丰富灵动且活泼有序，充分体现了团队的实力和力量，是校园文化建设的重要组成部分，也成为学校工作亮丽的风景线。学校成立的校园广播站、校园电视台、文学社、天文社、观鸟社等多个学生社团组织在活动中发挥了重要作用。学生广播站已经正式开播，并且已录制《影视之声》和《心灵驿站》两期，可以在线点播；松慧文学社也出版了一期《状元笔》社刊。这些社团活动的顺利开展，为学生表现自我、锻炼能力提供了广阔的舞台，有利于学生的全面发展。

此后，学校每年以"读书节""体育节""艺术节""创客节""毕业典

礼""校庆典礼"等"四节二礼"活动为载体，开展了丰富的校园文化活动，在活动中，学生社团有了充分展示的舞台（图13）。

图13 "3D打印社团"为师生现场演示3D打印作品

2. 在各种竞赛活动中脱颖而出的学生社团

创造教育理念下的学生社团极大地激发了学生的创新精神、创作能力与创业意识，社团的成员在各级的创造性比赛活动中获得了优异的成绩（图14～18）。五年来，学生获得国家级奖项89人次、省级奖项363人次、市级奖项693人次。

图14 行进打击乐社团学生参加行进课堂乐展演活动荣获广东省一等奖

图15 创客社团学生莫霆飞、欧阳一草、方弼楷荣获东莞中小学电脑制作活动创客制作类特等奖

图16 2016年12月，机器人社团学生参加亚洲机器人锦标赛，捧回了"BDS工程挑战赛"的冠军杯

图17　文学社成员朗诵节目获"2018东莞市中华经典诵读
大赛"一等奖

图18　科技模型社团学生在2019年市青少年科技创新大赛中获一
等奖5项、二等奖4项、三等奖7项

附：

学生社团"求是全媒体新闻中心"招新公告

松山湖实验中学"求是全媒体中心"吹响集结号，呼唤你加入学生记者
队伍！

新媒体工具的更新换代，催生了传统媒体与移动媒体的深度融合，我们的

校园新闻也由微信公众号、网站、校园电视台等多个终端融合传播。因此，我们的记者，就叫全媒体学生记者（图19）。

图19　全媒体记者在行动

你需要善良热情、爱国爱校、尊敬师长、热爱同学；你需要智商很高，勤想、敢问、能说、会写；你还需要情商很高，兴趣广、朋友多，有较强的抗压能力和团队协作精神。

加入这个团队，你不一定会成为大作家，但你有机会登上校园电视台，你的作品有可能会在网络上或微信上被多次转载。

加入这个团队，你不会有工资奖金，但你将有机会成为松湖实中的"校园名记"。

加入这个团队，你需要有自主学习能力、很强的时间管理能力和团队协调能力。

招新详情

新闻总监（正副2位）：

（1）建立和完善"求是全媒体新闻中心"的新闻采写管理体系及流程，制定社团日常管理标准，并将此推行和监督执行。

（2）利用课余时间学习策划校园新闻，指导学生记者完成采访活动。

采访部记者（若干位）：

（1）具有较好的口头表达能力和写作能力。

（2）乐观开朗，积极利用课余时间参与校园新闻的采访和写作。

摄影部记者（若干位）：

（1）具有较高的拍摄水平。

（2）自备小型相机。

（3）上过周琼平副校长开设的《摄影入门》课程的学生优先。

美编记者（若干位）：

（1）具有较高的信息技术水平。

（2）吃苦耐劳，积极利用课余时间参与校园新闻的微信制作。

参 考 文 献

［1］干国祥，魏智渊，罗登远.中小学校长通用管理100例［M］.成都：四川
    教育出版社，2006.

［2］刘贤昌.教育的灵性追求［M］.成都：四川大学出版社，2016.

［3］任勇.好学校之境［M］.上海：华东师范大学出版社，2016.

［4］陈晓红.大数据时代的信息素养教育理论与实践［M］.成都：西南交通大
    学出版社，2017.

［5］胡庆芳.优化课堂教学方法与实践［M］.北京：中国人民大学出版社，2014.

［6］李芒，蒋科蔚，李师.信息化学习方式案例教学［M］.北京：北京师范大
    学出版社，2014.

［7］魏书生.如何做最好的校长［M］.南京：南京大学出版社，2010.

［8］谢中刚，张金豹.校长不可不知的管理效应［M］.南京：江苏教育出版
    社，2012.

［9］宋运来.做有策略的校长：经典寓言与学校管理智慧［M］.重庆：西南师
    范大学出版社，2010.

［10］刘美凤，等.信息技术在中小学教育中应用的有效性研究［M］.北京：
    教育科学出版社，2010.

［11］胡美山，李绵军.智圆行方：智慧校长的50项管理策略［M］.重庆：西
    南师范大学出版社，2013.

［12］冯菲，刘玲.混合式教学成功手册：让课程快速上网［M］.北京：北京
    大学出版社，2013.

［13］何锡涛，沈坚，吴伟，等.智慧教育［M］.北京：清华大学出版社，2012.

［14］李曼丽，张羽，叶赋桂，等.解码MOOC：大规模在线开放课程的教育学
    考察［M］.北京：清华大学出版社，2013.

［15］李新义，刘邦奇.智慧课堂教学理论与实践［M］.合肥：安徽教育出版社，2018.

［16］刘邦奇，孙曙辉.数字化校园：理念、设计与实现［M］.合肥：科学技术大学出版社，2014.

［17］刘明成.智慧课堂的价值追求及实施策略［J］.当代教育科学，2014（8）.

［18］唐烨伟，宠敬文，钟绍春.信息技术环境下智慧课堂构建方法及案例研究［J］.中国电化教育，2014（11）.

［19］沙培宁，柴纯青.学校管理者的五堂必修课［M］.北京：教育科学出版社，2013.

［20］顾泠沅，毛亚庆.校长的十二项专业历练：义务教育学校校长专业标准解读［M］.北京：北京师范大学出版社，2015.

［21］孙晤辉，刘邦奇.智慧课堂［M］.北京：北京师范大学出版社，2016.

［22］涂子沛.大数据［M］.桂林：广西师范大学出版社，2012.

［23］欧阳新龙，肖川.义务教育数学课程标准解读［M］.北京：北京师范大学出版社，2016.

［24］柳夕浪.学生综合素质评价：怎么看？怎么办？［M］.上海：华东师范大学出版社，2016.

［25］刘军.智慧课堂"互联网+时代未来学校课堂发展新路向"［J］.中国电化教育，2017（7）.

［26］任勇.校长的领导力与思考力［J］.福建教育，2016.

［27］汤广生.构建先进的校园文化创设充满激情爱意的和谐校园［J］.新课程，2008.

［28］张烁.立德树人是根本"办好人民满意的教育"系列谈［N］.人民日报，2012-11-30.

后 记

创新是一个民族进步的灵魂，是一个国家兴旺发达的不竭动力。培养创新型人才一直是教育孜孜不倦的追求。《国家中长期教育改革和发展规划纲要（2010—2020年）》中明确指出："在世界多极化、经济全球化深入发展，科技进步日新月异，人才竞争日趋激烈的国际形势下和国内教育改革的关键期，提高国民素质、培养创新人才显得重要和紧迫。"

随着现代信息技术的迅速发展及广泛应用，新的教育技术手段不断涌现，学校教育环境和教学模式也在不断变化。尤其是大数据、物联网、云计算和移动互联网等新一代信息技术的发展及应用，在培养创新型人才方面发挥了重要作用。

东莞市松山湖实验中学承担了"智慧环境下初中生创新能力培养的实践研究"的课题任务，积极探索智慧环境下的创造教育，为学生的成长赋能。东莞市松山湖实验中学的创造教育揭示了智慧环境对初中生创新素养培育的独特功能和价值，也初步形成了学校培育初中生创新素养的有效实施路径，对于创造教育理论发展和实践推进具有重要的意义和价值。本书是该课题的研究成果之一。

东莞市松山湖实验中学最大的办学特色就在于让创造成为师生自觉的追求，师生的创意和创作作品越来越丰富。借用家长的评价来说，那就是学校为学生提供了广阔的创作、创业平台，学生非常喜欢学校、喜欢老师。

在此，我衷心感谢课题组成员和学校教师的努力奉献！